Brandenburg Place Name Indexes:
Identifying Place Names Using Alphabetical and Reverse Alphabetical Indexes

Roger P. Minert, Ph.D., A.G.

GRT Publications

Copyright ©, 2004 by GRT Publications

All Rights Reserved. Printed in the U.S.A.

No part of this publication may be reproduced, stored in a retrieval system or transmitted in any form or by any means, electronic, mechanical, photocopying, recording or otherwise, without written permission of GRT Publications.

Publisher's Cataloging in Publication

Minert, Roger P.

       Brandenburg Place Name Indexes/ by Roger P. Minert

       p. cm.

ISBN: 0-9716906-5-8
Library of Congress Control Number: 2004113115

GRT Publications, Woods Cross, Utah

Brandenburg Place Name Indexes

Table of Contents

Map of the Province of Brandenburg	iv
Introduction	v
How to use the Reverse Alphabetical Index	vii
Gebrauchsanweisung	ix
Reverse Alphabetical Index of the Province of Brandenburg	1
Alphabetical Index of the Province of Brandenburg	47
Reverse Alphabetical Index of German Provinces	93
Alphabetical Index of German Provinces	99

The castle in the city of Brandenburg is surrounded by a moat.

Brandenburg Place Name Indexes

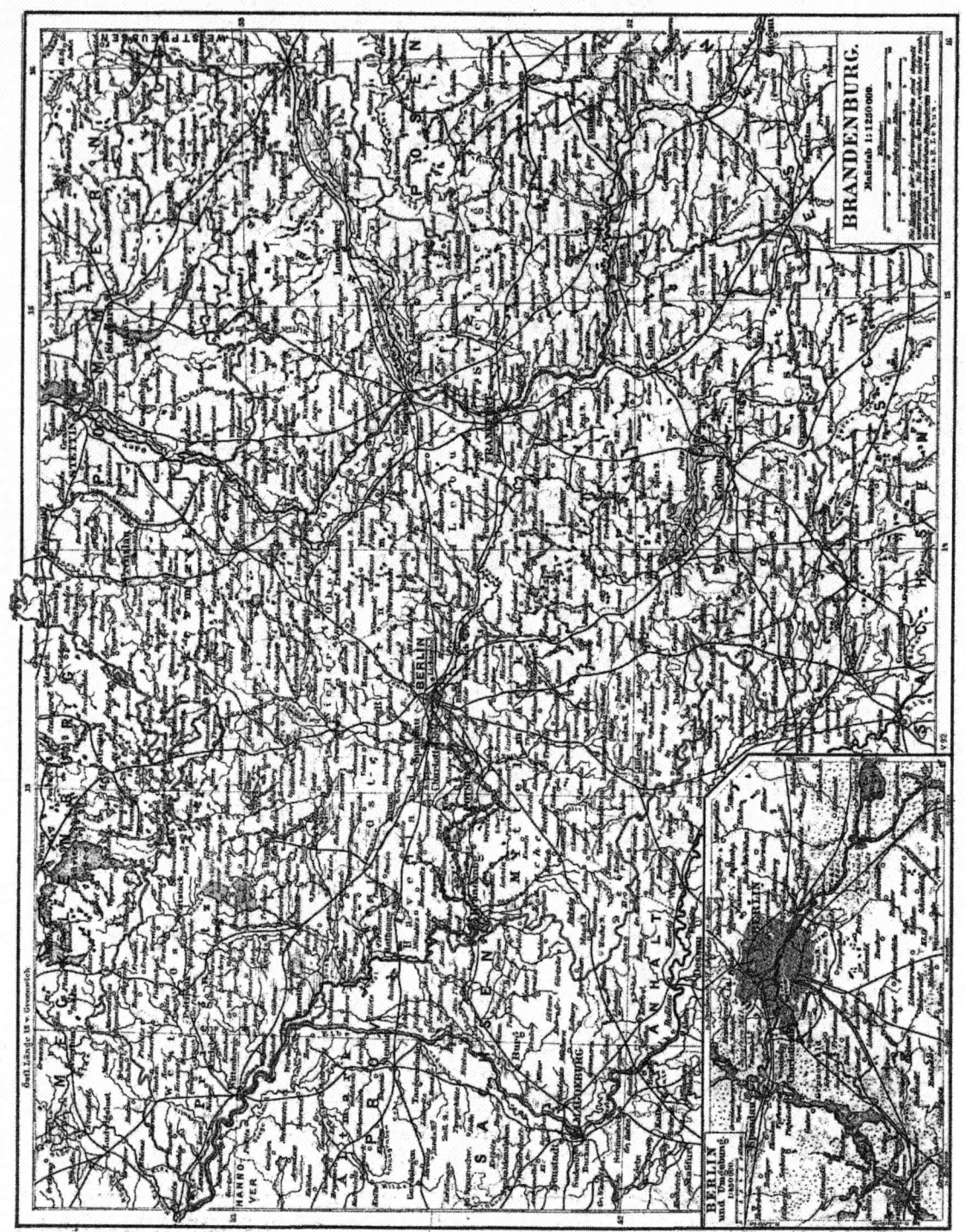

Used by permission of Larry Jensen

Introduction

The territory that would eventually be called Brandenburg (first a frontier, then an electoral principality, then a province of Prussia) was first inhabited by Germanic tribes in the first century AD. They came and went as Germans and Slavs contested regional dominion until the year AD 1134. The initial Germanic holdings were west of what is now the city of Berlin. By the 13th century a series of annexations had allowed Brandenburg to increase in size substantially. Slavic peoples remaining in the region were assimilated into the German populace over the years.

In the 14th century the margraviate was ruled for a short time by members of the Wittelsbach family. Brandenburg became one of the seven electoral principalities in 1356. Many purchases, sales, and trades of lands characterized Brandenburg history for the next three centuries, during which time Berlin became the principal city.

By 1447 the electoral princes had created political order from the chaos of their particularistic holdings, especially the larger cities. In 1569 the duchy of Prussia was ceded to Brandenburg by Poland, while the Treaty of Osnabrück (1848) added even more counties to the principality. The first member of the house of Hohenzollern to have his residence in Brandenburg was Prince Elector Johann Cicero in the 1680s. Newer territories were added in the east, beyond the Oder River.

Friedrich Wilhelm, the Great Prince Elector (ruled from 1640 to 1688) added significant lands during his reign. Prince Elector Friedrich III of Brandenburg ruled as the first "King in Prussia" beginning in 1701. From that time forward the history of Brandenburg can hardly be separated from the history of Prussia. From 1815 to 1945 Brandenburg was one of the thirteen provinces of the Kingdom (or state) of Prussia. Metropolitan Berlin withdrew from the province in 1920.

As a result of World War II, the Brandenburg territories east of the line formed by the Oder and Neisse Rivers was place under Polish administration. Tnder Soviet occupation 1945 to 1949. When the German Democratic Republic was founded in 1949, Brandenburg was divided into the states of Potsdam, Cottbus, and Frankfurt/Oder. The modern federal state (*Bundesland*) of Brandenburg was formed in 1990 with the unification of Germany.

The keeping of vital records by churches in the Brandenburg region began in the early to mid-17th century (with rare examples in large cities before 1600). By 1750 essentially all Christian churches were keeping christening, marriage, and burial records. According to Blodgett (see sources listed below), there were 2,769 Protestant parishes in Brandenburg between 1871 and 1918. During that era there were also 128 Catholic parishes and (estimated) 37 Jewish congregations.

Significant portions of church vital records from Brandenburg have been lost. Such extensive have been the losses that the microfilm collection of the Family History Library include records (some complete, some in part) from barely 29% of the Protestant parishes, 15% of the Catholic parishes, and 38% of the Jewish congregations. Of the 1,297 civil registry offices in the Prussian province of Brandenburg, records of only 53 offices are available on microfilm, mostly for the years 1874 (the first year of the civil registry system in Prussia) to 1888.

The place names included in the following Brandenburg indexes were taken from one source:

> Königlich Preußisches Statistisches Landesamt. *Gemeindelexikon für das Königreich Preußen. Heft III. Brandenburg.* Berlin: Königliches Statistisches Landesamt, 1908 [FHL book no. REF 943 E5kp, v. 3; microfilm no. 806635, item 1].

Thus all of the towns in these lists were within the boundaries of the province of Brandenburg as they existed from 1871 to 1918 (the era of the German Empire).

As was the case with previous volumes of *Place Name Indexes*, I am indebted to a number of friends for their support and assistance with this book. Stephanie Minert—who lived in Brandenburg towns for fourteen months—did the data entry (from the *Fraktur* typeset) for the place names of the province of Brandenburg. The computer program used to reverse the place names was developed and employed by John W. Bell. Todd Roach did the design and layout of this book. The maps used herein were gratiously released for our use by Wendy Uncapher and Origins Publishing of Janesville, Wisconsin.

It is my sincere hope that this reverse alphabetical index will contribute to the faster and more efficient identification of place names in Brandenburg. Users of these indexes should feel free to inform the publisher of any deficiencies or mistakes they might find herein — they are mine alone.

Roger P. Minert
Provo, Utah
July, 2004

Sources:

> Blodgett, Steven W., ed. *German Collection Analysis Reports. Vol. 9. Province of Brandenburg.* Salt Lake City: Intellectual Reserve, Inc., 1999.
> Köbler, Gerhard. *Historisches Lexikon der deutschen Länder.* 3rd ed. München: Beck, 1990 [FHL book no. 943 E3k].
> *Meyers Enzyklopädisches Lexikon.* Vol. 11. Mannheim: Bibliographisches Institut, 1977 [FHL book no. 030.43 M575a].
> *Großer Atlas zur Weltgeschichte.* Braunschweig: Georg Westermann, 1972 [FHL book no. 940 E7wg].

Brandenburg Place Name Indexes

How to Use the Reverse Alphabetical Index

It is often difficult to decipher the proper names in church and civil records written in German. When the initial letter is illegible, blotted out, lost in a tight binding, or not visible due to torn or moldy pages or microfilm flaws, an actual deciphering of the name can be impossible. A gazetteer is usually insufficient help when the first few letters of a place name are missing. It also happens on occasion that a researcher (despite his or her best efforts) will inaccurately extract a place name that is legible, and then be unable to locate the place on a map or in a gazetteer.

The reverse alphabetical index is designed for use in situations such as these. It allows the researcher to work from the end of the place name toward the beginning to form the correct name, to test a theoretical spelling, or at least to formulate "candidate" names for further examination.

For example, if only the letters ...*steig* can be distinguished clearly in a record, one will find in the reverse alphabetical index (by reading from the final ...*g* left toward the start of the word) that the only town name in the province of Brandenburg ending with the letters ...*steig* is *Setzsteig*. The researcher can then return to the record in question to determine how well the name *Setzsteig* might match the handwritten version.

[page 18]

Nieder Werbig
Gludig
Setz**steig**
Kanig
Hohenkränig

The same index can be used to test the spelling of a theoretical extraction. For example, if the researcher were to erroneously read the name of the Brandenburg town of *Mansfeld* as *Vansfeld* or *Wansfeld*, he or she would be unable to locate the town on a map or in a gazetteer. The name could then be compared to names in the reverse alphabetical index and the appropriate adjustment made.

Of course it is not impossible that the recognizable letters are common to more than one place name. For example, the three final letters ...*mar* occur in the names of three different towns in Brandenburg: *Genschmar, Wismar, Goßmar*.

[page 34]

Padligar
Goskar
Gensch**mar**
Wismar
Goß**mar**
Ferchesar
Hohenferchesar

If it is still impossible to determine which of the three is the correct town, the next step in the identification process would be a search of church or civil records for each candidate parish or town — beginning in whichever is closest to the town in which the original record was written.

Another common reason for consulting the reverse alphabetical index is to convert an archaic spelling variation of a place name into a modern version. For example, the town name *Drossen* was also written *Trossen* years ago. In such cases, the correct version of the town name can be tracked down when one reads from the end of the the name toward the beginning.

Because the task facilitated by this reverse alphabetical index is that of ascertaining the proper spelling of specific place names, those names shared by more than one locality are not specifically designated as such in this list. For example, there are six towns named *Heinersdorf* in the province of Brandenburg, but *Heinersdorf* occurs only once in this index. The method described above would be employed to identify the *Heinersdorf* in question.

Once the correct name (or best "candidate") has been chosen, the researcher can refer to the gazetteer mentioned in the *Introduction* to learn more about existing vital records. For additional information about the location of the town, the best general alternative reference source is *Meyers Orts- und Verkehrslexikon des Deutschen Reichs* [Meyer's Gazetteer and Commercial Directory of the German Empire, published in 1913, Family History Library book no. 943 Elmo and microfilm nos. 496640 ff.].

Because it can just as easily happen that the end of a place name is not legible in a source record, a regular alphabetical listing of towns in the province of Brandenburg is provided in this book.

The reader should bear in mind that the letters *ä, ö,* and *ü* are arranged alphabetically under *a, o,* and *u* — as if there were no *Umlaut*. The symbol *ß* is treated as *ss*. Spaces and hyphens amid multi-word names are disregarded.

Gebrauchsanweisung

Es kommt des öfteren vor, dass der Familienforscher die im Kirchenbuch oder Standesamtsregister vorkommenden Ortsnamen nicht lesen oder entziffern kann. Ist der Anfangsbuchstabe nicht leserlich, verblasst, im Faltz versteckt oder gar nicht vorhanden (die Seite ist abgerissen oder zerfranst), so ist wohl das Entziffern unmöglich. Meistens hilft kein Ortsverzeichnis, wenn beispielsweise die ersten drei oder vier Buchstaben eines Ortnamens fehlen. Manchmal liest der Forscher einen sichtbaren Ortsnamen falsch ab und findet ihn folglich weder auf der Landkarte noch im Ortsverzeichnis.

Das vorliegende Verzeichnis soll in solchen Fällen als Hilfe dienen, indem es dem Forscher ermöglicht, von hinten nach vorne den Ortsnamen zu ermitteln, bzw. wenigstens mögliche und passende Namen vorzuschlagen, die dann auf die Richtigkeit hin geprüft werden können.

Zum Beispiel, bleiben lediglich die Letztbuchstaben des Ortsnamens ...*steig* im Eintrag leserlich, so fängt man im vorliegenden Verzeichnis beim Lesen des entsprechenden Ortsnamens von hinten an — also beim ...*g* — und liest rückwärts auf den Anfang des Namens zu. Dadurch wird ersichtlich, dass der Name eines einzigen Ortes in der Provinz Brandenburg so endet, nämlich *Setzsteig*. Mit dieser Erkenntnis wendet sich der Forscher nun wiederum dem in Frage kommenden Eintrag zu und versucht, Theorie und Praxis zu vergleichen, ob der Name nicht doch zu entziffern ist.

[Seite 18]

Nieder Werbig
Gludig
Setz**steig**
Kanig
Hohenkränig

Schreibt der Forscher (mit der besten Absicht) den Namen *Mansfeld* irrtümlich als *Vansfeld* oder *Wansfeld* ab und findet ihn im Ortsverzeichnis daher nicht, so kann der theoretische Ortsname mit ähnlich endenden verglichen und die Korrektur vorgenommen werden.

Es kann näturlich auch passieren, dass die letzten leserlichen Buchstaben am Endes eine Namens bei mehr als einem Ortsnamen vorkommen. Beispielsweise gibt es dieselben letzten drei Buchstaben ...*mar* in den Namen dreier Ortschaften: *Genschmar, Wismar, Goßmar*.

[Seite 34]

Padligar
Goskar
Gensch**mar**
Wis**mar**
Goß**mar**
Ferchesar
Hohenferchesar

Ist der Leser nicht in der Lage, unter den drei Ortschaften zu unterscheiden, so setzt man in den Kirchenbüchern oder Standesamtsregistern der drei Ortschaften die Suche fort. Am besten fängt man in dem nächstliegenden Ort an.

Ein weiterer allgemein üblicher Grund für die Benutzung des *Reverse Alphabetical Index* bestünde darin, einen altertümlich buchstabierten Ortsnamen in seine gegenwärtige Schreibweise zu übertragen. Zum Beispiel war der Name des Ortes *Drossen* vor Jahren auch unter *Trossen* zu finden. In diesem Fall enden beide Varianten des Ortsnamens jedoch mit denselben Buchstaben und die richtige Schreibweise ist somit ermittelbar, wenn man ihn im vorliegenden Verzeichnis von hinten nach vorn liest.

Es geht bei diesem alphabetisch rückwärts sortierten Verzeichnis um die Feststellung eines Ortnamens. Daher ist es an dieser Stelle nicht maßgebend, die gleichlautenden Namen der Ortschaften anzugeben. Zum Beispiel kommt der Ortsname *Heinersdorf* in der Provinz Brandenburg sechsmal vor, hier in diesem Verzeichnis allerdings nur einmal. Die oben erwähnte Methode kann angewandt werden, damit das richtige *Heinersdorf* gefunden wird.

Falls zwei oder mehr Ortschaften gleichen Namens als "Kandidaten" aufgeführt sind, wende man sich an das Ortsverzeichnis, das in der *Introduction* (Einführung) des vorliegenden Werkes erwähnt ist, um festzustellen, wo sich weitere Register befinden. Zusätzlich kann man sich des 1913 von Meyer herausgegebenen *Orts- und Verkehrslexikon des Deutschen Reichs* bedienen.

Weil es passieren könnte, dass der Forscher das Ende eines Namens nicht entziffern kann, folgt dem alphabetisch rückwärts geordneten Verzeichnis ein normales alphabetisches Verzeichnis der Ortsnamen der Provinz Brandenburg.

Die Leserin/der Leser möchte sich stets vor Augen halten, dass in diesen Verzeichnissen die Buchstaben *ä, ö,* and *ü* so eingeordnet sind, als gäbe es keinen Umlaut, desgleichen die entsprechenden großgeschriebenen Buchstaben. Das Zeichen *ß* wird im Folgenden wie *ss* behandelt.

Reverse Alphabetical Index of the Province of Brandenburg

Niemaschkleba	Zinna	Tannenwald
Iba	Gridona	Grunwald
Schilda	Altona	Starpeler Grunwald
Gosda	Roggosna	Grüner Wald
Zschornegosda	Grüna	Sorauer Wald
Strega	Gohra	Bayerswald
Saratoga	Sumatra	Neidfeld
Bertha	Louisa	Schmiedefeld
Philadelphia	Groß Louisa	Wendefeld
Germania	Hansa	Seefeld
Wupia	Malta	Hohenseefeld
Viktoria	Basta	Nieder Seefeld Seegefeld
Kolonie Viktoria	Zitta	Neu Seegefeld
Luja	Botta	Hohefeld
Groß Luja	Lauta	Schönefeld
Jamaika	Gustava	Grünefeld
Amerika	Eva	Riesefeld
Neu Amerika	Renate-Eva	Hertefeld
Ulrika	Sadowa	Lüchfeld
Korsika	Gollitza	Rehfeld
Kamenka	Horlitza	Alt Rehfeld
Tschinka	Plonitza	Neu Rehfeld
Buckoka	Sieb	Blankfeld
Villa	Viktoriabad	Hohlfeld
Sandvilla	Seebad	Stromfeld
Lakoma	Wald	Lindenfeld
Lindena	Oberspreewald	Ziegelofenfeld
Frankena	Unterspreewald	Hufenfeld
Lichtena	Schönewald	Langenfeld
Angra Bequena	Grunewald	Lerchenfeld
Drehna	Topper Grunewald	Staffelder Kossäthenfeld
Wendisch Drehna	Springwald	Schöneberger Kossäthenfeld
Presehna	Eichwald	Marienfeld
Schwina	Ruhwald	Brückenfeld
Kloster Zina	Mienwald	Dannenfeld

Luisenfeld	Mühlenland	Gottesgabe
Schleusenfeld	Bohnenland	Heiligengrabe
Beatenfeld	Unterland	Kribbe
Breitenfeld	Haverland	Grobbe
Charlottenfeld	Fahrland	Seelübbe
Neuenfeld	Neu Fahrland	Tal der Liebe
Reinfeld	Trebitsch Hauland	Auf der Scheibe
Steinfeld	Neuland	Zugkleibe
Schönfeld	Maryland	Sandtreibe
Neu Schönfeld	Ferdinand	Kietz an der Elbe
Thonfeld	Brand	An der Elbe
Sternfeld	Sand	Karbe
Herzfelder Feld	Der Sand	Alt Karbe
Adamsdorfer Feld	Nordend	Neu Karbe
Woltersdorfer Feld	Elend	Pritzerbe
Klausdorfer Feld	Ostend	Daube
Neuenburger Feld	Riewend	Straube
Neuteicherfeld	Saarmund	Weiße Taube
Junkerfeld	Rothegrund	Grube
Sommerfeld	Wischgrund	Lehmgrube
Schloß Sommerfeld	Hirschgrund	Antoniengrube
Beetz-Sommerfeld	Tegelgrund	Kohlengrube
Lichterfeld	Kesselgrund	Konradsgrube
Klingmühl Lichterfeld	Nesselgrund	Kiesgrube
Kemnitzer Feld	Lindengrund	Wolfsgrube
Friedrichsfeld	Birkengrund	Neu Grube
Heinrichsfeld	Quellengrund	Felixgrube
Karlsfeld	Fichtengrund	Esperance
Lamsfeld	Evengrund	Lience
Mansfeld	Sützengrund	Saade
Neufeld	Kerngrund	Mlade
Gotthold	Schäfergrund	Rade
Friedrichshuld	Krügergrund	Zuggelrade
Tucheband	Grünergrund	Hoppenrade
Alt Tucheband	Ludwigsgrund	Lichtenrade
Neu Tucheband	Steinbachsgrund	Klein Rade
Friedland	Sehlsgrund	Schönrade
Alt Friedland	Birkholzgrund	Konrade
Neu Friedland	Weitzgrund	Grünrade
Radeland	Lobeofsund	Neu Grünrade
Hochland	Neuensund	Groß Rade
Neu Holland	Hildegard	Niebede
Neuholland	Beauregard	Schmiede
Morgenland	Finkenheerd	Siede
Marienland	Babe	Legde

Lehde	Kottbuser Stadtheide	Sperrenwalde
Falkenrehde	Fichtheide	Klein Sperrenwalde
Hohehaide	Trottheide	Groß Sperrenwalde
Kiehnhaide	Schwarzheide	Brüsenwalde
Oberhaide	Reetzheide	Beatenwalde
Werderhaide	Dampfschneide	Fürstenwalde
Unterhaide	Schöneweide	Augustenwalde
Heide	Ober Schöneweide	Mittenwalde
Hoheheide	Nieder Schöneweide	Auenwalde
Kleine Heide	Auenweide	Stranzenwalde
Große Heide	Mittweide	Schönwalde
Natteheide	Halde	Bärwalde
Schorfheide	Schönewalde	Maulbeerwalde
Eichheide	Borsigwalde	Finsterwalde
Mochheide	Eichwalde	Massen Finsterwalde
Pürschheide	Reichwalde	Osterwalde
Buchheide	Jänschwalde	Klosterwalde
Mittelheide	Buchwalde	Dörrwalde
Wuhlheide	Freiwalde	Ibaswalde
Planheide	Liebenwalde	Ahlimbswalde
Lütjenheide	Groß Feedenwalde	Brenkenhofswalde
Hasenheide	Fredenwalde	Königswalde
Nassenheide	Klein Fredenwalde	Herzogswalde
Kleinheide	Ringenwalde	Friedrichswalde
Schönheide	Schwachenwalde	Heinrichswalde
Bernheide	Reichenwalde	Christophswalde
Jungfernheide	Neu Reichenwalde	Adamswalde
Oberheide	Hohenwalde	Achimswalde
Niderheide	Neu Hohenwalde	Arnimswalde
An der Heide	Freienwalde	Hermswalde
An der Vorderheide	Sophienwalde	Reinswalde
Riesdorferheide	Julienwalde	Neumannswalde
Böhmerheide	Marienwalde	Arnswalde
Groß Böhmerheide	Luckenwalde	Redernswalde
Hammerheide	Falkenwalde	Dornswalde
Unterheide	Neu Falkenwalde	Grünswalde
Klesterheide	Sellenwalde	Eberswalde
Kemnitzerheide	Binenwalde	Gerswalde
Vorheide	Helminenwalde	Jägerswalde
Johannisheide	Wilhelminenwalde	Damerswalde
Schrecksheide	Justinenwalde	Sommerswalde
Großheide	Annenwalde	Raumerswalde
Krachtsheide	Dannenwalde	Richterswalde
Klausheide	Sonnenwalde	Lamprechtswalde
Stadtheide	Fahrenwalde	Eckartswalde

Lüdertswalde	Fürstenfelde	Dohnsfelde
Klauswalde	Augustenfelde	Braunsfelde
Schartowswalde	Charlottenfelde	Möllersfelde
Streitwalde	Treuenfelde	Bürknersfelde
Augustwalde	Weizenfelde	Wernersfelde
Mittwalde	Stolzenfelde	Posersfelde
Neuwalde	Schulzenfelde	Vettersfelde
Cocceji Neuwalde	Schönfelde	Jörsfelde
Grätzwalde	Sternfelde	Hobrechtsfelde
Hartzwalde	Bornfelde	Freiheitsfelde
Bergfelde	Bärfelde	Augustfelde
Hirschfelde	Thaerfelde	Baufelde
Rehfelde	Beerfelde	Klein Woxfelde
Hagelfelde	Fischerfelde	Herzfelde
Tempelfelde	Ackerfelde	Braatzfelde
Mietzelfelde	Sommerfelde	Platzfelde
In dem Felde	Wasserfelde	Löbenhelde
Mühle im Felde	Lichterfelde	Schilde
Freiimfelde	Groß Lichterfelde	Schmolde
Rabenfelde	Slinkterfelde	Räumde
Liebenfelde	Hinterfelde	Dümde
Mürbenfelde	Boisterfelde	Unterm Rande
Friedenfelde	Klosterfelde	Neuendorf im Sande
Seegenfelde	Butterfelde	Warbende
Eichenfelde	Bahrfelde	Südende
Reichenfelde	Worfelde	Hohenbinde
Kirchenfelde	Neu Worfelde	Steinbinde
Hohenfelde	Jakobsfelde	Linde
Freienfelde	Ferdinandsfelde	Klein Linde
Sophienfelde	Schafsfelde	Schönlinde
Amalienfelde	Ludwigsfelde	Rotscherlinde
Marienfelde	Friedrichsfelde	Schönerlinde
Hakenfelde	Heinrichsfelde	Grünerlinde
Friederikenfelde	Bocksfelde	Groß Linde
Blankenfelde	Karlsfelde	Övelgünde
Frankenfelde	Paulsfelde	Dünamünde
Birkenfelde	Gramsfelde	Angermünde
Geilenfelde	Wilhelmsfelde	Linderode
Blumenfelde	Wormsfelde	Mittel Linderode
Gronenfelde	Hansfelde	Ober Linderode
Trappenfelde	Mansfelde	Nieder Linderode
Hasenfelde	Ahrensfelde	Kammerode
Griesenfelde	Neu Ahrensfelde	Steinrode
Luisenfelde	Jahnsfelde	Neurode
Louisenfelde	Kähnsfelde	Gentzrode

Schönwerde	Dolgensee	Hammerablage
Fohrde	Kirchensee	Ragower Ablage
Frankenförde	Wuckensee	Hankels Ablage
Zippelsförde	Blankensee	Holzablage
Saude	Lunkensee	Wormlage
Waldbude	Möllensee	Berlage
Blochbude	Krummensee	Weitlage
Benschbude	Am Krummensee	Plantage
Hornbude	Katharinensee	Wernickesche Plantage
Theerbude	Diepensee	Pietsche Plantage
Jägerbude	Weißensee	Obst Plantage
Fischerbude	Zietensee	Nadge
Eiserbude	Frauensee	Gehege
Kinderfreude	Schwarzensee	Fauleriege
Wilhelmsfreude	Plötzensee	Bülowssiege
Markee	Kleinsee	Breitelege
Griebsee	Kolonie Kleinsee	Stege
Chakobsee	Werbellinsee	Radewege
Lübsee	Rumpinsee	Am Lugwege
Sandsee	Kolonie am Gorinsee	Wutscherogge
Arendsee	Wannsee	Schugge
Lübbesee	Alt Bernsee	Brügge
Karwesee	Am Bauernsee	Berkenbrügge
Betzin-Karwesee	Egarsee	Giesenbrügge
Bischofsee	Bebersee	Kerstenbrügge
Alt Bischofsee	Lebersee	Vogtsbrügge
Neu Bischofsee	Am Vordersee	Malge
Raduschsee	Neuendorfer See	Jageler Silge
Glambecksee	Am Radacher See	Lenzersilge
Dreiecksee	Trämmersee	Friedensfolge
Recksee	Am Kostersee	Klinge
Kalksee	Nikolassee	Rossow Klinge
Tegelsee	Bischofssee	Springe
Müggelsee	Großsee	Syringe
Scharmützelsee	Grabowsee	Berge
Werlsee	Wochowsee	Lugkeberge
Am See	Schwarzsee	Rehberge
Plan am See	Schweinepfeife	Kalkberge
Dehmsee	Münchehofe	Hellberge
Gransee	Berghöfe	Am Berge
Strubensee	Münchhofe	Kreutzer Heimberge
Meldensee	Dürrenhofe	Tobbenberge
Lindensee	Haage	Birkenberge
Tiefensee	Ablage	Papenberge
Heiligensee	Kolberger Ablage	Hopsenberge

Brandenburg Place Name Indexes

Wittenberge	Karche	Landsberg/Warthe
Klein Berge	Luhsche	Schnellewarthe
Steinberge	Neuwalder Luhsche	Schneidemühe
Weinberge	Kalotsche	Adolphsruhe
Unterweinberge	Lottsche	Karlsruhe
Amtsweinberge	Kausche	Rollinsruhe
Karber Berge	Grusche	Balhornsruhe
Alt Karber Berge	Krebsjauche	Kleistruhe
Räuberberge	Tauche	Chausseekolonie
Töpferberge	Zauche	Bergkolonie
Brügger Berge	Alt Zauche	Ziegeleikolonie
Hohenkräniger Berge	Neu Zauche	Hufenkolonie
Sperlingsherberge	Elisabethhöhe	Mühlenkolonie
Diehloer Berge	Cecilienhöhe	Walkmühlenkolonie
Hinterberge	Marienhöhe	Eisenbahnkolonie
Schusterberge	Karolinenhöhe	Chursdorfer Kolonie
Fuchsberge	Elisenhöhe	Hammerkolonie
Rathsberge	Louisenhöhe	Anhalter Kolonie
Groß Berge	Augustenhöhe	Genges Kolonie
Sorge	Schulzenhöhe	Schrahs Kolonie
Kleine Sorge	Schönhöhe	Ullmanns Kolonie
Altensorge	Konradshöhe	Amtskolonie
Schützensorge	Stabeshöhe	Kolonie Marie
Kunersdorfer Sorge	Johanneshöhe	Pätznickerie
Altsorge	Ludwigshöhe	Fasanerie
Neusorge	Bergshöhe	Kuhbläke
Kruge	Georgshöhe	Kribbelake
Möbiskruge	Friedrichshöhe	Birklake
Regattafläche	Adolphshöhe	Moderlake
Scheibenwache	Karlshöhe	Försterlake
Zache	Paulshöhe	Dusterlake
Eiche	Damshöhe	Butterlake
Grüne Eiche	Wilhelmshöhe	Rohrlake
Alte Eiche	Simonshöhe	Moorlake
Bleiche	Ottoshöhe	Wolfslake
Springbleiche	Krügershöhe	Zühlslake
Eineiche	Berndtshöhe	Sieverslake
Schöneiche	Albrechtshöhe	Grabke
Grüneiche	Hubertushöhe	Zaacke
Bredereiche	Kleisthöhe	Schnecke
Auf der Weiche	Augusthöhe	Viesecke
Raudener Weiche	Jethe	Klobbicke
Krausriche	Linthe	Zerbicke
Malche	Harthe	Panicke
Wenddoche	Warthe	Glienicke

Rheinsberg-Glienicke	Ferfiske	Taubenseer
Gühlen-Glienicke	Bölzke	Schneidemühle
Klein Glienicke	Dolzke	Peetziger Schneidemühle
Groß Glienicke	Senzke	Zechliner Schneidemühle
Alt Glienicke	Zaatzke	Sacks Schneidemühle
Neu Glienicke	Kletzke	Stahns Schneidemühle
Börnicke	Witzke	Staudemühle
Lietzegöricke	Lentzke	Seemühle
Alt Lietzegöricke	Schmertzke	Kumlofe Mühle
Neu Lietzegöricke	Prützke	Dragemühle
Libbesicke	Kriele	Gehegemühle
Dubraucke	Liedekahle	Wegemühle
Langebrücke	Sähle	An der Wegemühle
Schlagbrücke	Diehle	Wendlandsche Mühle
Rehbrücke	Hundekehle	Ohlesche Mühle
Kuhbrücke	Bärenhöhle	Blumbergsche Mühle
Zellbrücke	Krohle	Breitenteichsche Mühle
Rädigke	Hühnerpfühle	Roggaische Mühle
Welsigke	Mühle	Nachtigallsche Mühle
Jerischke	Germaniamühle	Ziethensche Mühle
Jetzschke	Victoriamühle	Theerensche Mühle
Lotzschke	Viktoriamühle	Rumpsche Mühle
Glienike	Annamühle	Drauschemühle
Görike	Plutamühle	Stolzsche Mühle
Wutike	Waldmühle	Rothe Mühle
Kalke	Feldmühle	Rothemühle
Tuchwalke	Bahroldmühle	Walkemühle
Lederwalke	Brandmühle	Jankemühle
Kotsemke	Sandmühle	Schielemühle
Adamsschänke	Windmühle	Kühnemühle
Lanke	Meyersche Windmühle	Kleine Mühle
Große Dränke	Preußsche Windmühle	Langerönnemühle
Tränke	Friedrichsohn'sche	Haasemühle
Kleine Tränke	Windmühle	Große Mühle
Dubroke	Bockwindmühle	Brandtemühle
Lipke	Holländer Windmühle	Alte Mühle
Alt Lipke	Meiers Windmühle	Altemühle
Neu Lipke	Mohrs Windmühle	Valtemühle
Merke	Grundmühle	Rote Mühle
Laaske	Schlaubemühle	Rotemühle
Lieske	Ober und Unter	Broichsdorfer Rotemühle
Markgrafpieske	Schlaubemühle	Neue Mühle
Alt Markgrafpieske	Haidemühle	Neuemühle
Brieske	Heidemühle	Schiffmühle
Wotschofske	Ratsschmeidemühle	Dampfmühle

Stampfmühle	Klinkmühle	Butenmühle
Haagmühle	Skrokmühle	Auenmühle
Schlagmühle	Bismarkmühle	Motzenmühle
Gattigmühle	Thalmühle	Klein Mühle
Wettigmühle	Schindelmühle	Kleinmühle
Danzigmühle	Schniegelmühle	Tempeler Kleinmühle
Totzigmühle	Wuggelmühle	Eichhornmühle
Halangmühle	Kugelmühle	Herrnmühle
Vogelsangmühle	Hentschelmühle	Kanomühle
Bergmühle	Zschiepelmühle	Kannomühle
Rietzer Bergmühle	Koselmühle	Plumpmühle
Brausebachmühle	Mittelmühle	Knopmühle
Eichmühle	Mietzelmühle	Kontopmühle
Steineichmühle	Kleine Mietzelmühle	Kaupmühle
Mönchmühle	Große Nietzelmühle	Lindenaer Mühle
Lubochmühle	Kuhlmühle	Blabbermühle
Greschmühle	Wühlmühle	Schreibermühle
Schrabischmühle	Hellmühle	Blumber Mühle
Wendischmühle	Quellmühle	Obermühle
Selischmühle	Bollmühle	Straubermühle
Wolschmühle	Ölmühle	Nieder Mühle
Kunschmühle	Mehl und Ölmühle	Bei der Mühle
Pöschmühle	Eifflers Ölmühle	Schwachenwaldermühle
Rätschmühle	Küchlers Ölmühle	Klosterwaldermühle
Metschmühle	Schmerlmühle	Klauswalder Mühle
Kutschmühle	Perlmühle	Kathfelder Mühle
Rauschmühle	Dammühle	Reichenfelder Mühle
Buschmühle	Barammühle	Dürrenfeldermühle
Dornbuschmühle	Dommühle	Schönfelder Mühle
Rietzer Buschmühle	Taubenmühle	Holländer Mühle
Droguschmühle	Grubenmühle	Holländermühle
Buchmühle	Lindenmühle	Werdermühle
Bruchmühle	Dollgenmühle	Vordermühle
Lohmühle	Knochenmühle	Pfeffermühle
Strohmühle	Rauschenmühle	Kupfermühle
Staakmühle	Pittchenmühle	Eichendorfer Mühle
Schabackmühle	Marienmühle	Gielsdorfer Mühle
Sackmühle	Klinkenmühle	Görlsdorfer Mühle
Graßnickmühle	Funkenmühle	Bremsdorfer Mühle
Roickmühle	Gatkenmühle	Tschernsdorfer Mühle
Brückmühle	Bohnenmühle	Heinersdorfer Mühle
Kalkmühle	Graupenmühle	Heegermühle
Walkmühle	Boltenmühle	Karziger Mühle
Schankmühle	Wugartenmühle	Damelanger Mühle
Schrenkmühle	Augustenmühle	Klingermühle

Schildbergermühle	Nechliner Mühle	Pinnower Mühle
Wollenberger Mühle	Berliner Mühle	Tornower Mühle
Günterbergermühle	Berlinermühle	Düpower Mühle
Hangelsberger Mühle	Quaslinermühle	An der Teurower Mühle
Bußberger Mühle	Premsliner Mühle	Laasower Mühle
Bürgermühle	Kamminer Mühle	Kliestower Mühle
Kutzeburger Mühle	Groß Kamminer Mühle	Grantzower Mühle
Eldenburger Mühle	Pamminer Mühle	Bergholzer Mühle
Oranienburgermühle	Pausiner Mühle	Buchholzer Mühle
Zieskenbacher Mühle	Götzes Gülpermühle	Buchholzermühle
Trebitschermühle	Krampermühle	Birkholzer Mühle
Steinbuscher Mühle	Ragoser Mühle	Schönholzer Mühle
Warthermühle	Ragöser Mühle	Schulzer Mühle
Papiermühle	Buderoser Mühle	Lanzer Mühle
Groß Papiermühle	Prieroser Mühle	Kolbatzer Mühle
Bäckermühle	Wassermühle	Madlitzer Mühle
Schönebeckermühle	Lubiather Wassermühle	Pohlitzermühle
Glambecker Mühle	Trepliner Wassermühle	Demitzer Mühle
Sadenbeckermühle	Karwer Wassermühle	Wernitzer Mühle
Droschkermühle	Stachs Wassermühle	Kieselwitzermühle
Borker Mühle	Kaltwassermühle	Marwitzer Mühle
Lentzker Mühle	Neuhäuser Mühle	Lauschützermühle
Joachimsthalermühle	Kaakstedter Mühle	Kutzermühle
Adlermühle	Poltermühle	Wehrmühle
Wesendahler Mühle	Hintermühle	Rohrmühle
Hammermühle	Untermühle	Klirmühle
Tschammermühle	Gralower Untermühle	Priormühle
Neu Hammermühle	Rummelpforter Mühle	Vormühle
Jammermühle	Thiesorter Mühle	Komthurmühle
Guhdenermühle	Klostermühle	Andreasmühle
Bruchhagener Mühle	Bauermühle	Thomasmühle
Wildenhagener Mühle	Pohlvermühle	Krebsmühle
Falkenhagener Mühle	Pulvermühle	Ahlimbsmühle
Hessenhagener Mühle	Grabower Mühle	Rodewaldsmühle
An der Schönhagener Mühle	Stradower Mühle	Durdesmühle
	Ragower Mühle	Paradiesmühle
Pritzhagenermühle	Dochowermühle	Hankes Mühle
Lankener Mühle	Nettkower Mühle	Johannesmühle
Parmener Mühle	Deutsch Rettkower Mühle	Wolfsmühle
Wilsener Mühle	Latzkowermühle	Kattenstiegsmühle
Nahausener Mühle	Kathlower Mühle	Hedwigsmühle
Wardiner Mühle	Baßlower Mühle	Schiemangsmühle
Schlagenthiner Mühle	Liebenower Mühle	Jungs Mühle
Streckenthiner Mühle	Wildenower Mühle	Plogs Mühle
Menkiner Mühle	Lapenower Mühle	Kuhbergs Mühle

Heidelbergsmühle	Täubertsmühle	Wilhelmsgrille
Gahlbergs Mühle	Sieferts Mühle	Klein Wille
Falkenbergs Mühle	Hubertusmühle	Königswille
Friedrichsmühle	Wulkows Mühle	Friedrichswille
Neue Friedrichsmühle	Kurtmühle	Drägerswille
Buchsmühle	Kunstmühle	Vaterswille
Fuchsmühle	Horstmühle	Hölle
Johannismühle	Maustmühle	Sandscholle
Dorismühle	Neumühle	Alte Hölle
Lehraksmühle	Dubkowmühle	Niewerle
Vollsacksmühle	Schreymühle	Kaule
Paulicksmühle	Malzmühle	Eule
Kuckucksmühle	Holzmühle	Pechüle
Wolschinksmühle	Buchholzmühle	Groß Giesename
Blobels Mühle	Hainholzmühle	Dahme
Kukulsmühle	Zanzmühle	Lehme
Bohmsmühle	Kopschenzmühle	Nieder Lehme
Dammsmühle	Schiemenzmühle	Löhme
Drogansmühle	Grenzmühle	Hoherlöhme
Hugansmühle	Linzmühle	Luhme
Märtensmühle	Ober Kietzmühle	Bamme
Ravensmühle	Unter Kietzmühle	Damme
Möbinsmühle	Dubitzmühle	Grimme
Hermanns Mühle	Moreitzmühle	Wisenpläne
Zimmermannsmühle	Pößnitzmühle	Rüthnickerpläne
Hornsmühle	Spitzmühle	Groß Rene
Loosmühle	Neue Spitzmühle	Krahne
Rumps Mühle	Sennewitzmühle	Klosterrähne
Schäfers Mühle	Kreuzmühle	Marzahne
Seifers Mühle	Mebes' Mühle	Strodehne
Krügersmühle	Helle	Lippehne
Kaßnersmühle	Hundshelle	Rehne
Richtersmühle	Grelle	Drehne
Torsmühle	Brandstelle	Frehne
Neißmühle	Dorfstelle	Vietzer Rehne
Hindernißmühle	Scheunstelle	Pyrehne
Schloßmühle	Hünemörderstelle	Dubine
Großmühle	Voigtsstelle	Leine
Kaysche Großmühle	Alte Hausstelle	Klein Leine
Tempeler Großmühle	Flottstelle	Groß Leine
Klippatsmühle	Welle	Pauline
Voigtsmühle	Groß Welle	Willmine
Albrechts Mühle	Zelle	Alwine
Amtsmühle	Marzelle	Kanne
Große Amtsmühle	Neuzelle	Grüne Tanne

Brandenburg Place Name Indexes

Fenne	Seese	Müllrose
Wassinne	Güstebiese	Gastrose
Övelgünne	Karlsbiese	Klein Gastrose
Oberjünne	Piese	Groß Gastrose
Brunne	Briese	Schmarse
Osterne	Wiese	Langegasse
Borne	Radewiese	Tasdorferstraße
Torne	Weitewiese	Plesse
Sackasne	Neuewiese	Lütkendosse
Scheune	Buchwiese	Lüsse
Neuscheune	Marienwiese	Fangschleuse
Krayne	Herrenwiese	Grenzschleuse
Koyne	Barnimer Herrenwiese	Guse
Nikolskoe	Lewiner Herrenwiese	Rehmate
Schäpe	Neu Lewiner Herrenwiese	Buchte
Hohengrape	Neu Herrenwiese	Breite
Liepe	Modderwiese	Prebelower Breite
Leipe	Haferwiese	Dickte
Neu Helpe	Alt Haferwiese	Dikte
Stolpe	Neu Haferwiese	Bärendikte
Gülpe	Ratzdorfer Wiese	Hausstelle Alte
Stülpe	Hinterwiese	Solicante
Skampe	Roßwiese	Schwante
Hoherampe	Voigtswiese	Repente
Krampe	Sydowswiese	Aalkaste
Trampe	Merzwiese	Quäste
Krüllenkempe	Radeweise	Kleeste
Schlöpe	Hainwise	Henriette
Kappe	Hälse	Klette
Nesselkappe	Hohenelse	Hartte
Lippe	Welse	Hütte
Terppe	Ilse	Almahütte
Wassersuppe	Dranse	Annahütte
Kraupe	Dense	Johannahütte
Gehre	Drense	Grüne Hütte
Neu Buhleguhre	Loose	Alte Hütte
Byhlegruhre	Kurze Loose	Neuehütte
Hampschire	Blessiner Loose	Pechhütte
Samendarre	Alt Blessiner Loose	Bruchhütte
Laase	Lebuser Loose	Magdalenenhütte
Lobbese	Seelower Loose	Senftenhütte
Breese	Kunitzer Loose	Zechliner Hütte
Mittel Breese	Freiheitsloose	Schweizerhütte
Klein Breese	Lieberose	Stennewitzer Hütte
Gtoß Breese	Buderose	Friedrichsthaler Glashütte

Königshütte	Schanze	Mönchehof
Hedwigshütte	Burgwallschanze	Röthehof
Althütte	Schwedenschanze	Ruhehof
Neuhütte	Sternschanze	Rotehof
Lütte	Schenze	Berghof
Friedrichsgüte	Tschenze	Burghof
Eiskute	Lippenze	Putlitz-Burghof
Neisse Aue	Grenze	Kirchhof
Auf der Dorfaue	Döberner Grenze	Wendisch Kirchhof
Plaue	Rietzer Grenze	Judenkirchhof
Neu Plaue	Gartzer Grenze	Nemischhof
Gürgenaue	Stadtgrenze	Friedrischhof
Sophienaue	Ünze	Deutschhof
Blumenaue	Schwärze	Buschhof
Paulinenaue	Schwirze	Elisabethhof
Wilhelminenaue	Gratze	Dühhof
Albertinenaue	Lietze	Zankhof
Annenaue	Rietze	Tobelhof
Giesenaue	Zürnitze	Kadelhof
Klein Giesenaue	Fritze	Wandelhof
Louisenaue	Prötze	Zigelhof
Augustenaue	Lutze	Tempelhof
Grünaue	Pfiff	Kohlhof
Knorraue	Wermingshoff	Klein Kohlhof
Grundsaue	Haseloff	Mühlhof
Ludwigsaue	Stottoff	Wallhof
Neu Ludwigsaue	Pflügfuff	Kasserolhof
Sperlingsaue	Gustav Adolf	Perlhof
Friedrichsaue	Dürrewolf	Wilhelmhof
Heinrichsaue	Hungriger Wolf	Domhof
Karlsaue	Victoriahof	Schlaanhof
Wilhelmsaue	Valeskahof	Liebenhof
Christiansaue	Annahof	Mathildenhof
Zietensaue	Wüstchof	Güldenhof
Angersaue	Friedhof	Lindenhof
Herzersaue	Waldhof	Glödenhof
Zaue	Feldhof	Dorotheenhof
In der Rue	Landhof	Schragenhof
Bellevue	Grundhof	Eichenhof
Ninive	Nordhof	Margarethenhof
Glewe	Radehof	Sophienhof
Glowe	Haidehof	Amalienhof
Bernöwe	Tammendorfer Heidehof	Ottilienhof
Karwe	Lindehof	Julienhof
Schmelze	Seehof	Geranienhof

Antonienhof	Henriettenhof	Johanneshof
Marienhof	Dorettenhof	Wieses Hof
Tauentzienhof	Wittenhof	Koseshof
Reinikenhof	Charlottenhof	Struveshof
Friederikenhof	Lauenhof	Marggraffshof
Brenkenhof	Frauenhof	Ludolfshof
Uhlenhof	Treuenhof	Königshof
Kapellenhof	Schulzenhof	Hedwigshof
Blumenhof	Klenzenhof	Ludwigshof
Julianenhof	Pletzenhof	Dühringshof
Christianenhof	Kleinhof	Floringshof
Schwanenhof	Meinhof	Strubbergshof
Helenenhof	Dannhof	Winterbergshof
Bernhardinenhof	Schönhof	Georgshof
Karolinenhof	Grünhof	Gerlachshof
Paulinenhof	Ottohof	Ulrichshof
Wilhelminenhof	Thaerhof	Heinrichshof
Philippinenhof	Oberhof	Johannishof
Lupinenhof	Niederhof	Räkshof
Katharinenhof	Holzländerhof	Storbeckshof
Klementinenhof	Alexanderhof	Rieckshof
Albertinenhof	Werderhof	Barnickshof
Christinenhof	Schäferhof	Stockshof
Justinenhof	Schifferhof	Kuhblankshof
Alwinenhof	Junkerhof	Starkshof
Annenhof	Wasserhof	Türkshof
Mariannenhof	Peterhof	Ebelshof
Tannenhof	Grieses Bauerhof	Nobelshof
Herrenhof	Plauerhof	Bartelshof
Knorrenhof	Ibashof	Feldmarschallshof
Friesenhof	Seelas Hof	Krollshof
Wiesenhof	Klarashof	Carlshof
Theresenhof	Ewaldshof	Karlshof
Elisenhof	Reinholdshof	Neu Karlshof
Louisenhof	Arnoldshof	Paulshof
Alsenhof	Ferdinandshof	Bohmshof
Großenhof	Hildebrandshof	Joachimshof
Margaretenhof	Richardshof	Wilhelmshof
Altenhof	Eduardshof	Hermshof
Kaltenhof	Edwardshof	Blumshof
Koboltenhof	Siegeshof	Christianshof
Leistenhof	Rügeshof	Hermanshof
Klostenhof	Lüthkeshof	Gabenshof
Kirstenhof	Reinkes Hof	Siehenshof
Augustenhof	Agneshof	Franzenshof

Hahnshof	Karstedtshof	Bischdorf
Jahnshof	Schmidtshof	Harnischdorf
Köhnshof	Boldtshof	Bloischdorf
Dühnshof	Wendtshof	Matschdorf
Kuhnshof	Lebrechtshof	Wutschdorf
Trebbinshof	Albrechtshof	Glauschdorf
Kollinshof	Siebertshof	Rehdorf
Stegemannshof	Albertshof	Freidorf
Bachmannshof	Robertshof	Dalldorf
Borchmannshof	Gülgutshof	Klandorf
Winkelmannshof	Doraushof	Dabendorf
Zillmannshof	Magnushof	Schlabendorf
Bollmannshof	Klaustushof	Gräbendorf
Hermannshof	Waldowshof	Abbendorf
Ackermannshof	Sydowshof	Niebendorf
Ostermannshof	Muchowshof	Nebendorf
Simonshof	Bandelowshof	Trebendorf
Leoshof	Berlowshof	Schwebendorf
Ottoshof	Sudrowshof	Schöbendorf
Stolpshof	Lerowshof	Lobendorf
Putlitz-Philippshof	Walyshof	Taubendorf
Gräbershof	Stadthof	Lüdendorf
Siebershof	Kleisthof	Gräfendorf
Schneidershof	Augusthof	Pfaffendorf
Schrödershof	Stuthof	Schmarfendorf
Rudershof	Friedrichsbauhof	Wegendorf
Fiebigershof	Neuhof	Luggendorf
Bündigershof	Rex Hof	Müggendorf
Zweigershof	Fannyhof	Tangendorf
Fischershof	Salzhof	Schmargendorf
Adlershof	Glanzhof	Mietgendorf
Köhlershof	Grenzhof	Weitgendorf
Seilershof	Kohlmetzhof	Nettgendorf
Demmlershof	Beelitzhof	Drahendorf
Geislershof	Moritzhof	Drachendorf
Meisnershof	Brückenkopf	Zülichendorf
Waltershof	Todtenkopf	Michendorf
Woltershof	Radorf	Teschendorf
Förstershof	Seedorf	Koschendorf
Bayershof	Ruhledorf	Barschendorf
Meyershof	Bergdorf	Ketschendorf
Dreyershof	Teichdorf	Fritschendorf
Herzershof	Neu Zeichdorf	Götschendorf
Klairshof	Zeschdorf	Rauschendorf
Majorshof	Alt Zeschdorf	Jütchendorf

Hohendorf	Billendorf	Hohen Neuendorf
Bothendorf	Möllendorf	Klein Neuendorf
Sophiendorf	Bullendorf	Fern Neuendorf
Bei Sophiendorf	Thiemendorf	Nieder Neuendorf
Niendorf	Dammendorf	Groß Neuendorf
Mariendorf	Tammendorf	Nächst Neuendorf
Jädickendorf	Krummendorf	Rietz Neuendorf
Schmielickendorf	Germendorf	Rietzneuendorf
Jänickendorf	Guten Germendorf	Löwendorf
Reinickendorf	Christinendorf	Holzendorf
Hennickendorf	Nonnendorf	Schulzendorf
Welsickendorf	Papendorf	Wüstemark und
Wölsickendorf	Liependorf	Schulzendorf
Wensickendorf	Krempendorf	Klein Schulzendorf
Mückendorf	Quappendorf	Groß Schulzendorf
Jeschkendorf	Treppendorf	Banzendorf
Malkendorf	Klippendorf	Henzendorf
Kehlkendorf	Zwippendorf	Kunzendorf
Wilkendorf	Zehrendorf	Kerzendorf
Bölkendorf	Herrendorf	Peitzendorf
Ziemkendorf	Bliesendorf	Nanndorf
Frankendorf	Wiesendorf	Steinndorf
Schenkendorf	Blesendorf	Zinndorf
Radinkendorf	Mesendorf	Zerndorf
Rinkendorf	Wesendorf	Zorndorf
Könkendorf	Sachsendorf	Saderdorf
Künkendorf	Geisendorf	Alexanderdorf
Alt Künkendorf	Rosendorf	Nerdorf
Neu Künkendorf	Hassendorf	Klosterdorf
Schlunkendorf	Neu Hassendorf	Zirdorf
Brünkendorf	Ossendorf	Laasdorf
Markendorf	Busendorf	Basdorf
Birkendorf	Brusendorf	Blasdorf
Türkendorf	Ziltendorf	Klasdorf
Plieskendorf	Komptendorf	Räsdorf
Röskendorf	Mattendorf	Tasdorf
Lütkendorf	Ober Trattendorf	Schiebsdorf
Götzkendorf	Trettendorf	Liebsdorf
Mahlendorf	Ottendorf	Stiebsdorf
Wahlendorf	Hüttendorf	Jakobsdorf
Kröchlendorf	Alt Hüttendorf	Laubsdorf
Behlendorf	Jüttendorf	Gadsdorf
Zehlendorf	Sputendorf	Arendsdorf
Mühlendorf	Frauendorf	Freesdorf
Sellendorf	Neuendorf	Biesdorf

Bliesdorf	Hohenahlsdorf	Seelensdorf
Alt Bliesdorf	Pahlsdorf	Bollensdorf
Neu Bliesdorf	Wahlsdorf	Ahrensdorf
Riesdorf	Mehlsdorf	Bahrensdorf
Fresdorf	Kohlsdorf	Behrensdorf
Schlagsdorf	Rohlsdorf	Zehrensdorf
Neu Schlagsdorf	Guhlsdorf	Prensdorf
Egsdorf	Ruhlsdorf	Giesensdorf
Hennigsdorf	Zühlsdorf	Rosensdorf
Wierigsdorf	Gölsdorf	Hartensdorf
Rangsdorf	Karlsdorf	Mertensdorf
Rüdingsdorf	Görlsdorf	Dahnsdorf
Bergsdorf	Ober Görlsdorf	Jähnsdorf
Borgsdorf	Nieder Görlsdorf	Kahnsdorf
Sachsdorf	Kaulsdorf	Kähnsdorf
Broichsdorf	Damsdorf	Drahnsdorf
Friedrichsdorf	Adamsdorf	Stahnsdorf
Neu Friedrichsdorf	Pramsdorf	Alt Stahnsdorf
Heinrichsdorf	Flemsdorf	Neu Stahnsdorf
Münchsdorf	Bremsdorf	Rehnsdorf
Kochsdorf	Premsdorf	Wehnsdorf
Bohsdorf	Tremsdorf	Bohnsdorf
Rathsdorf	Dahmsdorf	Frohnsdorf
Kuhsdorf	Limsdorf	Jühnsdorf
Lühsdorf	Brimsdorf	Lühnsdorf
Eisdorf	Helmsdorf	Meinsdorf
Zeisdorf	Mittel Helmsdorf	Reinsdorf
Borgisdorf	Wilhelmsdorf	Steinsdorf
Schacksdorf	Ober Helmsdorf	Wichmannsdorf
Schäcksdorf	Nieder Helmsdorf	Dippmannsdorf
Groß Tzschacksdorf	Zilmsdorf	Raßmannsdorf
Tzsacksdorf	Wölmsdorf	Waßmannsdorf
Jocksdorf	Bomsdorf	Gießmannsdorf
Zabelsdorf	Domsdorf	Vietmannsdorf
Wadelsdorf	Thomsdorf	Hartmannsdorf
Rägelsdorf	Hermsdorf	Alt Hartmannsdorf
Zagelsdorf	Chransdorf	Neu Hartmannsdorf
Regelsdorf	Wansdorf	Wittmannsdorf
Vogelsdorf	Radensdorf	Ponnsdorf
Michelsdorf	Zägensdorf	Simonsdorf
Pichelsdorf	Weichensdorf	Warnsdorf
Berthelsdorf	Nettchensdorf	Bernsdorf
Gielsdorf	Rettchensdorf	Tschernsdorf
Kesselsdorf	Döbern und Rettchensdorf	Wernsdorf
Mahlsdorf	Diensdorf	Zernsdorf

Bornsdorf	Ober Wellersdorf	Wald Sieversdorf
Braunsdorf	Nieder Wellersdorf	Wüste Sieversdorf
Nunsdorf	Bollersdorf	Beyersdorf
Wünsdorf	Groß Wollersdorf	Rohrsdorf
Osdorf	Ullersdorf	Görsdorf
Langenlipsdorf	Ober Ullersdorf	Hohengörsdorf
Zipsdorf	Nieder Ullersdorf	Nieder Görsdorf
Marsdorf	Walmersdorf	Chursdorf
Gebersdorf	Milmersdorf	Klein Chursdorf
Biebersdorf	Silmersdorf	Baßdorf
Ullbersdorf	Wilmersdorf	Boßdorf
Obersdorf	Wendisch Wilmersdorf	Noßdorf
Herbersdorf	Deutsch Wilmersdorf	Stoßdorf
Diedersdorf	Gellmersdorf	Straußdorf
Alt Diedersdorf	Illmersdorf	Voigtsdorf
Neu Diedersdorf	Willmersdorf	Spechtsdorf
Friedersdorf	Vollmersdorf	Albbrechtsdorf
Fredersdorf	Zöllmersdorf	Gottsdorf
Alexandersdorf	Lammersdorf	Tschausdorf
Lüdersdorf	Lemmersdorf	Klausdorf
Neu Lüdersdorf	Simmersdorf	Nausdorf
Rüdersdorf	Kummersdorf	Amandusdorf
Seifersdorf	Germersdorf	Rusdorf
Wulfersdorf	Hermersdorf	Gnevsdorf
Gersdorf	Heinersdorf	Rietdorf
Riegersdorf	Lang Heinersdorf	Kantdorf
Eggersdorf	Kleinheinersdorf	Wentdorf
Dargersdorf	Jännersdorf	Wintdorf
Taugersdorf	Hennersdorf	Christdorf
Neu Gersdorf	Klein Hennersdorf	Neudorf
Krügersdorf	Groß Hennersdorf	Cocceji Neudorf
Reichersdorf	Rinnersdorf	Mixdorf
Günthersdorf	Neu Kunnersdorf	Rixdorf
Beiersdorf	Kunersdorf	Lorenzdorf
Meiersdorf	Wüste Kunersdorf	Hinzdorf
Reiersdorf	Wiepersdorf	Marzdorf
Miersdorf	Röpersdorf	Herzdorf
Kersdorf	Petersdorf	Merzdorf
Rückersdorf	Klein Petersdorf	Matzdorf
Markersdorf	Leitersdorf	Ratzdorf
Milkersdorf	Waltersdorf	Hetzdorf
Wilkersdorf	Neu Waltersdorf	Metzdorf
Neu Wilkersdorf	Woltersdorf	Schmetzdorf
Hellersdorf	Klein Woltersdorf	Retzdorf
Wellersdorf	Sieversdorf	Fretzdorf

Brandenburg Place Name Indexes

Hitzdorf	Königlich Alt Podelzig	Selbelang
Utzdorf	Neu Podelzig	Prielang
Kutzdorf	Dolzig	Damelang
Neumühl Kutzdorf	Dölzig	Brieselang
Mützdorf	Golzig	Rehlang
Grützdorf	Kölzig	Niemerlang
Nehesdorrf	Klein Kölzig	Zerlang
Glückauf	Groß Kölzig	Klein Zerlang
Hag	Niepölzig	Groß Zerlang
Schlag	Wolzig	Vogelgesang
Kurtschlag	Klemzig	Vogelsang
Am Kuhbrückenweg	Alte Klemzig	Kolonie Vogelsang
Hohler Weg	Ober Klemzig	Mückensang
Stolperweg	New Klemzig	Umschwang
Mühle am Wernitzer Weg	Ranzig	Dicking
Kietzweg	Kalenzig	Kelling
Grabig	Zielenzig	Kriming
Werbig	Pollenzig	Späning
Hohenwerbig	Polenzig	Gliening
Nieder Werbig	Drenzig	Hörning
Gludig	Klein Drenzig	Hohenschöpping
Setzsteig	Groß Drenzig	Spring
Kanig	Senzig	Eduardspring
Hohenkränig	Stenzig	Buchspring
Nieder Kränig	Glinzig	Hackelspring
Glienig	Säpzig	Hammelspring
Ölsnig	Schlepzig	Am Spring
Groß Oßnig	Relpzig	Langenspring
Otznig	Barzig	Lerchenspring
Klein Otznig	Karzig	Marienspring
Jeserig	Hohenkarzig	Tonnenspring
Burig	Tschicherzig	Weißenspring
Klepsig	Sierzig	Steinspring
Lässig	Pommerzig	Kunsterspring
Weißig	Tauerzig	Kerring
Ossig	Görzig	Gessing
Schwetig	Murzig	Sietzing
Brunschwig	Pätzig	Radung
Volkwig	Peetzig	Döllengradung
Ortwig	Klein Peetzig	Neue Ansiedlung
Kalzig	Rietzig	Rodingers Ansiedlung
Palzig	Brietzig	Fallung
Belzig	Wutzig	Auf der Fallung
Podelzig	Wildfang	Obersteigerwohnung
Adlig Alt Podelzig	Bärfang	Fuchskörnung

Brandenburg Place Name Indexes

Bärensprung	Freiberg	Kienberg
Herzsprung	Heidelberg	Marienberg
Lietsche Besitzung	Kolonie Heidelberg	Hakenberg
Jüterbog	Hagelberg	Böckenberg
Berg	Spiegelberg	Mückenberg
Linaberg	Klein Spiegelberg	Falkenberg
Schmiedberg	Groß Spiegelberg	Molkenberg
Friedberg	Vogelberg	Wolkenberg
Waldberg	Heckelberg	Blankenberg
Feldberg	Kunkelberg	Schenkenberg
Schildberg	Hamelberg	Finkenberg
Wildberg	Tempelberg	Schließkenberg
Sandberg	Haselberg	Schmalenberg
Radeberg	Inselberg	Fahlenberg
Schmiedeberg	Havelberg	Kahlenberg
Friedeberg	Wahlberg	Uhlenberg
Heideberg	Mühlberg	Am Fuhlenberg
Kleeberg	Windmühlberg	Mühlenberg
Schneeberg	Lohmühlberg	Windmühlenberg
Seeberg	Mollberg	Möllenberg
Retseeberg	Rollberg	Stollenberg
Wegeberg	Kolberg	Wollenberg
Springeberg	Mühle auf dem Berg	Kallinenberg
Müncheberg	Spremberg	Ruinenberg
Trenckeberg	Limberg	Dannenberg
Perleberg	Blumberg	Johannenberg
Schwaneberg	Klein Blumberg	Sonnenberg
Hahneberg	Groß Blumberg	Grünenberg
Heineberg	Liebenberg	Herenberg
Tanneberg	Mildenberg	Spolierenberg
Schöneberg	Woldenberg	Sperenberg
Grüneberg	Hindenberg	Ehrenberg
Bußberg Grüneberg	Lindenberg	Klein Ehrenberg
Schieseberg	Neuhardenberg	Groß Ehrenberg
Brieseberg	Freudenberg	Elisenberg
Meseberg	Judenberg	Louisenberg
Hanseberg	Greiffenberg	Weißenberg
Eichberg	Ober Greiffenberg	Senftenberg
Teichberg	Scharfenberg	Lichtenberg
Hirschberg	Galgenberg	Zotenberg
Kirschberg	Am Drachenberg	Wartenberg
Buchberg	Reichenberg	Hohenwartenberg
Rehberg	Taschenberg	Röstenberg
Kuhberg	Koschenberg	Fürstenberg
Maiberg	Zuchenberg	Minettenberg

Wittenberg	Spitzer Berg	Pfingstberg
Beutenberg	Kehrberg	Gottberg
Rutenberg	Vorberg	Sauberg
Frauenberg	Landsberg	Streganzberg
Leuenberg	Alt Landsberg	Herzberg
Löwenberg	Kiesberg	Grieben Herzberg
Alt Löwenberg	Wolfsberg	Kiebitzberg
Neu Löwenberg	Königsberg	Nutzberg
Struwenberg	Wubrigsberg	Kolonie Nutzberg
Reizenberg	Hedwigsberg	Kreuzberg
Stolzenberg	Sperlingsberg	Burg
Steinberg	Dachsberg	Waldburg
Weinberg	Friedrichsberg	Ladeburg
Am Weinberg	Fuchsberg	Seeburg
Klein Weinberg	Harmuths Berg	Alte Burg
Oberweinberg	Gaisberg	Hirschburg
Angersweinberg	Geisberg	Kuhburg
Rosinberg	Johannisberg	Hellburg
Sennberg	Lehnigksberg	Schaumburg
Schönberg	Babelsberg	Alt Schaumburg
Tonberg	Neu Babelsberg	Neu Schaumburg
Sternberg	Wedelsberg	Eldenburg
Grünberg	Teufelsberg	Brandenburg
Marberg	Hangelsberg	Dom Brandenburg
Silberberg	Pichelsberg	Hindenburg
Räuberberg	Jarelsberg	Müggenburg
Holländerberg	Karlsberg	Käutzchenburg
Oderberg	Pulsberg	Rothenburg
Schäferberg	Schwalmsberg	Klein Rothenburg
Kölzigerberg	Wilhelmsberg	Oranienburg
Hoher Berg	Gerickensberg	Mückenburg
Dierberg	Franzensberg	Uhlenburg
Schmerberg	Rheinsberg	Mecklenburg
Stöffinerberg	Amt Rheinsberg	Neu Mecklenburg
Schönerberg	Braunsberg	Albertinenburg
Weißer Berg	Philippsberg	Kannenburg
Günterberg	Bobersberg	Sonnenburg
Neu Günterberg	Schneidersberg	Krampenburg
Klosterberg	Baiersberg	Louisenburg
Güterberg	Güntersberg	Wisenburg
Spandauerberg	Schloßberg	Plattenburg
Treskowerberg	Voßberg	Charlottenburg
Winzerberg	Bußberg	Schüttenburg
Rietzer Berg	Strausberg	Neuenburg
Nedlitzer Berg	Streitberg	Alte Neuenburg

Brandenburg Place Name Indexes

Meyenburg	Alter Finkenkrug	Pechteich
Kolzenburg	Neu Finkenkrug	Karpfenteich
Boitzenburg	Schwanenkrug	Weberteich
Schönburg	Waisenkrug	Biberteich
Wasserburg	Löwenkrug	Pfefferteich
Klein Wasserburg	Steinkrug	Noacksteich
Groß Wasserburg	Döllnkrug	Neuteich
Osterburg	Sternkrug	Mödlich
Strasburg	Federkrug	Häselich
Wolfsburg	Schinderkrug	Laaslich
Ludwigsburg	Hammerkrug	Friedrich
Glücksburg	Kaniner Krug	Groß Friedrich
Schlegelsburg	Hinterkrug	Schweinrich
Borhagenkummelsburg	Splinterkrug	Motrich
Karlsburg	Unterkrug	Prerauers Thonstich
Wilhelmsburg	Roter Krug	Zantoch
Christiansburg	Wolgaster Krug	Steintoch
Karolinsburg	Pulverkrug	Ferch
Arnsburg	Friedrichskrug	Schönasch
Jägersburg	Korbiskrug	Atterwasch
Scheibelersburg	Löchelskrug	Hayasch
Massowburg	Neukrug	Triebsch
Lenzburg	Spitzkrug	Leibsch
Kreuzburg	Kreuzkrug	Im Rädsch
Ziegelkurg	Havannah	Bresch
Lug	Savannah	Dresesch
Im Lug	Goldbach	Zesch
Waldkrug	Schmadebach	Mahlisch
Sandkrug	Rothebach	Alt Mahlisch
Heidekrug	Glambach	Neu Mahlisch
Chausseekrug	Glembach	Niewisch
Neue Krug	Reichenbach	Siewisch
Neuekrug	Steinbach	Lütkenwisch
Löschkrug	Neu Erbach	Langerwisch
Hirschkrug	Radach	Klein Langerwisch
Buschkrug	Baudach	Groß Langerwisch
Fluthkrug	Schlalach	Alt Langerwisch
Mühlkrug	Anspach	Neu Langerwisch
Tollkrug	Klein Vortach	Bentwisch
Dammkrug	Hugnerwerdich	Wunsch
Grünbaumkrug	Zwischendeich	Johanneswunsch
Postumkrug	Gnadenreich	Ludwigswunsch
Ziegenkrug	Dannenreich	Friedrichswunsch
Falkenkrug	Teich	Wilhelmswunsch
Finkenkrug	Heideteich	Rietzenswunsch

Hermannswunsch	Reinpusch	Schlangenbruch
Krügerswunsch	Alt Gurkowsch	Hohenbruch
Barsch	Beitzsch	Kienbruch
Rothehirsch	Niemitzsch	Marienbruch
Grünehirsch	Grötzsch	Pehlenbruch
Dammhirsch	Knoblauch	Mühlenbruch
Trebatsch	Heidelauch	Bullenbruch
Jetsch	Berglauch	Papenbruch
Trebitsch	Bärschlauch	Bärenbruch
Görbitsch	Birklauch	Eisenbruch
Gröditsch	Mühllauch	Elisenbruch
Lamitsch	Kreuzlauch	Hopsenbruch
Radewitsch	Buch	Kerstenbruch
Jentsch	Luch	Löwenbruch
Stentsch	Rehluch	Lenzenbruch
Mittel Stentsch	Krummenluch	Steinbruch
Ober Stentsch	Briesenluch	Kranzinbruch
Grötsch	Fennluch	Schönbruch
Busch	Barsikowerluch	Oderbruch
Wiedebusch	Wolfsluch	Neuendorferbruch
Hängebusch	Stadtluch	Polenzigerbruch
Zwiebusch	Bruch	Blumberger Bruch
Kückebusch	Goldbruch	Bürgerbruch
Kiekebusch	Hofebruch	Eulamerbruch
Eichbusch	Dragebruch	Gottschimmerbruch
Rauhbusch	Leegebruch	Eiserbruch
Birkbusch	Deutschebruch	Guschterbruch
Haselbusch	Dickebruch	Hinterbruch
Mittelbusch	Breitebruch	Rohrbruch
Am Mühlbusch	Pechbruch	Vorbruch
Dammbusch	Eschbruch	Wolfsbruch
Schliebenbusch	Lipkeschbruch	Brenkenhofsbruch
Lindenbusch	Friedebergschbruch	Schöningsbruch
Klein Lindenbusch	Gurkowschbruch	Alt Schöningsbruch
Müggenbusch	Neu Gurkowschbruch	Neu Schöningsbruch
Im Koyneschen Busch	Birkbruch	Friedrichsbruch
Hohenbusch	Diebelbruch	Siegrothsbruch
Espenbusch	Hasselbruch	Michaelisbruch
Bärenbusch	Mittelbruch	Jäckelsbruch
Beerenbusch	Kratzelbruch	Pulsbruch
Sparrenbusch	Hellbruch	Wilhelmsbruch
Steinbusch	Alvenslebenbruch	Torsbruch
Kornbusch	Wildenbruch	Albrechtsbruch
Linther Oberbusch	Neu Hopfenbruch	Zanzbruch
Raddusch	Hufenbruch	Grenzbruch

Brandenburg Place Name Indexes

Schwarzbruch	Fuhrmannsruh	Zehnebeck
Netzbruch	Helmersruh	Kolonie Zehnebeck
Kreuzbruch	Petersruh	Rönnebeck
Clarahöh	Borchertsruh	Schönebeck
Marienhöh	Gustavsruh	Klein Schönebeck
Charlottenhöh	Sanssouci	Groß Schönebeck
Minnashöh	Einsiedelei	Sternebeck
Ferdinandshöh	Ziegelei	Hülsebeck
Wilhelmshöh	Hammelei	Quebeck
Lindenshöh	Semmelei	Nettelbeck
Hermannshöh	Rieselei	Holbeck
Dobristroh	Frenzelei	Glambeck
Lubiath	Appellei	Krumbeck
Sablath	Ullei	Sadenbeck
Oblath	Hannemannei	Hardenbeck
Kemnath	Torsgräberei	Halenbeck
Flieth	Schäferei	Mühlenbeck
Aurith	Laugerei	Rosenbeck
Papproth	Meierei	Steinbeck
Raubarth	Abdeckerei	Rohrbeck
Wildforth	Molkerei	Storbeck
Steinfurth	Müllerei	Waldeck
Schöpfurth	Schmagorei	Kieck
Pfingstfurth	Altes Schmagorei	Lichtefleck
An der Fluth	Abtei	Streitfleck
Kaputh	Voigtei	Bucheneck
Baruth	Tivoli	Steineck
Ruh	Bäck	Wittsteck
Helenenruh	Damelack	Seeblick
Louisenruh	Preilack	Schönblick
Augustenruh	Rohrlack	Rübnick
Antoinettenruh	Breslack	Zehdenick
Golzenruh	Knack	Cöpenick
Schiffsruh	Schabernack	Rüthnick
Hanffs Ruh	Wilsnack	Warnick
Adolfsruh	Borack	Zepernick
Ludwigsruh	Friesack	Präßnick
Friedrichsruh	Burg Friesack	Krausnick
Heinrichsruh	Alt Friesack	Pätznick
Steinwehsruh	Pusack	Kratznick
Adolphsruh	Ribbeck	Petznick
Dunkels Ruh	Godbeck	Döbbrick
Lepelsruh	Riedebeck	Zäckerick
Karlsruh	Seebeck	Zwick
Waidmannsruh	Schwanebeck	Bock

Mühlbock	Ravensbrück	Wustermark
Block	Gallunsbrück	Bismark
Stock	Prierosbrück	Friedeberg/Neumark
Rodstock	Heinersbrück	Eichenpark
Rathstock	Neubrück	Vorpark
Neu Rathstock	Bindowbrück	Vorwerk
Hubertusstock	Langestück	Karlswerk
Wietstock	Pademagk	Birk
Klein Wittstock	Weissagk	Bork
Rottstock	Ossagk	Wendisch Bork
Neu Rottstock	Schönebegk	Deutsch Bork
Elisabethsglück	Niemegk	New York
Roberts Glück	Gömnigk	Scharleuk
Brück	Briesnigk	Kukuk
Radebrück	Klein Kransnigk	Liebthal
Schweinebrück	Kraußnigk	Lindthal
Bergbrück	Groß Kraußnigk	Bergthal
Blockbrück	Jehserigk	Buchthal
Schmiddelbrück	Kehrigk	Tonkithal
Hammelbrück	Görigk	Liebenthal
Kolonie Hammelbrück	Klein Görigk	Friedenthal
Bollbrück	Drösigk	Rodenthal
Kohlhafenbrück	Vor Pießigk	Georgenthal
Scharfenbrück	Koßwigk	Veilchenthal
Biegenbrück	Pietzigk	Freienthal
Paschenbrück	Wußwergk	Sophienthal
Hohenbrück	Bugk	Marienthal
Marienbrück	Lugk	Ulrikenthal
Berkenbrück	Dobrilugk	Falkenthal
Koppenbrück	Kuhwalk	Blumenthal
Alt Koppenbrück	Pritzwalk	Dianenthal
Neu Koppenbrück	Dolk	Karolinenthal
Bärenbrück	Kuhblank	Runenthal
Grasenbrück	Waldowstrenk	Depenthal
Baumgartenbrück	Freienbrink	Biesenthal
Leistenbrück	Rosdunk	Wiesenthal
Jachzenbrück	Dree Brök	Louisenthal
Kupferbrück	Feldmark	Rosenthal
Dölzigerbrück	Wendemark	Alt Rosenthal
Döringsbrück	Kämmerei Wendemark	Neu Rosenthal
Mönchsbrück	Bürger Wendemark	Senftenthal
Pulsbrück	Wüstemark	Henriettenthal
Damsbrück	Oderberg in der Mark	Charlottenthal
Wilhelmsbrück	Kammermark	Schulzenthal
Behrensbrück	Schönermark	Rosinthal

Sternthal	Hirnschädel	Rosenwinkel
Grünthal	Kuckädel	Hessenwinkel
Ewaldothal	Syckadel	Bärwinkel
Oderthal	Rädel	Neunzigerwinkel
Dauerthal	Starzeddel	Reudener Winkel
Leopoldsthal	Hilles Ansiedel	Wolfswinkel
Ferdinandsthal	Zedel	Kuckswinkel
Rieckesthal	Rondel	Saatwinkel
Johannesthal	Dudel	Gerstwinkel
Wolfsthal	Steinhöfel	Militzwinkel
Ludwigsthal	Lehmannshöfel	Dunkel
Hoffnungsthal	Neudörfel	Langmel
Gerlachsthal	Jagel	Trinkhimmel
Friedrichsthal	Kagel	Apel
Johannisthal	Spiegel	Gapel
Yorksthal	Riegel	Zapel
Joachimsthal	Legel	Tempel
Wilhelmsthal	Tegel	Neuentempel
Kopplinsthal	Stargel	Hümpel
Lehmannsthal	Leibchel	Koppel
Hermannsthal	Nichel	Toppel
Herrmannsthal	Vichel	Düppel
Gipsthal	Zürchel	Starpel
Philippsthal	Pockuschel	Haasel
Karsthal	Tauchel	Kasel
Müllersthal	Klein Tauchel	Griesel
Petersthal	Groß Tauchel	Kahsel
Bornstädtsthal	Zauchel	Dechsel
Albrechtsthal	Rottstiel	Schermeisel
Klausthal	Pärnäkel	Tamsel
Rochusthal	Jackel	Bullenbruchinsel
Schartowsthal	Nackel	Pfaneninsel
Franzthal	Radenickel	Wehrinsel
Zanzthal	Pickel	Liebesinsel
Kreuzthal	Winkel	Bademeusel
Kiekemal	Sandwinkel	Klein Bademeusel
Ruheinmal	Hintere Winkel	Groß Bademeusel
Kanal	Roofwinkel	Mantel
Röntgental	Mönchwinkel	Regenmantel
Jabel	Alt Mönchwinkel	Klein Mantel
Kabel	Neu Möchwinkel	Groß Mantel
Niebel	Kuhwinkel	Kuttel
Triebel	Blockwinkel	Beutel
Bergsoll mit Drebel	Hohenwinkel	Grundkavel
Quitzöbel	Hasenwinkel	Heidekavel

Seggekavel	Weidmannsheil	Friedheim
Krummkavel	Vortheil	Waldheim
Grünhölzel	Gliener Anteil	Feldheim
Darrmietzel	Wasserfall	Hochheim
Tietzel	Seegerhall	Müggelheim
Prötzel	Hammelstall	Blindenheim
Zermützel	Upstall	Marienheim
Gosedahl	Marstall	Rankenheim
Wesendahl	Neustall	Elisenheim
Krummenpfahl	Wall	Mannheim
Stramehl	Sawall	Gerheim
Kampehl	Burgwall	Hildsheim
Preddöhl	Fichtenwall	Riegesheim
Ruhewohl	Seddinwall	Mönchsheim
Dreipfuhl	Klein Wall	Karlsheim
Geibelpfuhl	Schönwall	Albersheim
Egelpfuhl	Fischerwall	Pfalzheim
Schwemmpfuhl	Großer Wall	Proschim
Krumpfuhl	Kaniswall	Barnim
Langenpfuhl	Latzwall	Klein Barnim
Maienpfuhl	Wedell	Groß Barnim
Modderpfuhl	Neuwedell	Neu Barnim
Bischofspfuhl	Stendell	Bornim
Kranichspfuhl	Breitegestell	Friedrich Wilhelm
Bornemannspfuhl	Neuenzoll	Golm
Moospfuhl	Wald Idyll	Alt Golm
Krämerspfuhl	Tornows Idyll	Neu Golm
Werftpfuhl	Doberfaul	Holm
Riesphuhl	Gaul	Ulm
Babekuhl	Alt Gaul	Kulm
Bornkuhl	Neu Gaul	Neu Ulm
Muggerkuhl	Dobberphul	Damm
Haidemühl	Consul	Kuhdamm
Proschim Heidemühl	Potsdam	Dickdamm
Bagemühl	Tugam	Mitteldamm
Klingmühl	Eulam	Langendamm
Labaschmühl	Weseram	Krummendamm
Suppmühl	Pagram	Alt Krummendamm
Obermühl	Pillgram	Neu Krummendamm
Kaisermühl	Bergsam	Nonnendamm
Altmühl	Betiem	Rohrwiesendamm
Neumühl	Jerusalem	Neuendamm
Kranepuhl	Dahlem	Steindamm
Krahnepuhl	Lohm	Am Oderdamm
Kaiserstuhl	Daheim	Lüdersdorfer Damm

Bergerdamm	Jeßneman	Radden
Werderscher Damm	Kappan	Klein Radden
Hammerdamm	Bergaben	Groß Radden
Kremmerdamm	Schlaben	Wudden
Linumerdamm	Raben	Kleeden
Am Wriezener Damm	Sandgraben	Nieden
Paterdamm	Gieshof Mehrin Graben	Waldfrieden
Vordamm	Ortwiger Graben	Knehden
Königsdamm	Neugraben	Zehden
Pulsdamm	Babben	Fröhden
Neudamm	Lübben	Guhden
Lichtenow Damm	Eben	Ruhden
Thamm	Lieben	Randen
Schwemm	Rieben	Prenden
Gottschimm	Grieben	Dreilinden
Züsedom	Feldgrieben	Deutschboden
Lindholzfarm	Strigleben	Görden
Woltersdorfbaum	Sargleben	Dresden
Klein Kirchbaum	Rathleben	Neu Dresden
Kirschbaum	Ruhleben	Rauden
Faulbaum	Walsleben	Buden
Kienbaum	Radensleben	Alte Buden
Beerbaum	Alvensleben	Neue Buden
Grüner Baum	Ober Alvensleben	Vorderbuden
Kapernaum	Nieder Alvensleben	Laubster Buden
Siehdichum	Haßleben	Golschower Buden
Pabstthum	Saßleben	Sornower Buden
Linum	Gulben	Reuden
Krieban	Phöben	Zeuden
Jordan	Gröben	Kroffen
Muschan	Werben	Haus Zoffen
Karthan	Zerben	Kirchhofen
Pian	Duben	Bornhofen
Dollan	Düben	Kalkofen
Plan	Klein Düben	Alter Kalkofen
Stölkenplan	Guben	Zigelofen
Wiesenplan	Lüben	Kumlofen
Schöneicher Plan	Klein Lüben	Hohenofen
Falkenthalerplan	Groß Lüben	Roofen
Barsikowerplan	Ruben	Neu Roofen
Mutzer Plan	Kohlengruben	Theerofen
Wieneckes Plan	Kaden	Teerofen
Gieses Plan	Raden	Berkholzofen
Leppinsplan	Gräden	Hagen
Schlaman	Vierraden	Rehagen

Hessehagen	Biegen	Reichen
Burghagen	Höfgen	Wilhelmseichen
Bruchhagen	Rüggen	Reppinichen
Spiegelhagen	Bückgen	Börnichen
Stubbenhagen	Belgen	Dübrichen
Cocceji Stubbenhagen	Dollgen	Bückchen
Buddenhagen	Dolgen	Neu Bückchen
Wildenhagen	Langen	Hänchen
Neu Wildenhagen	Krangen	Mallenchen
Spreenhagen	Ziebingen	Dollenchen
Griffenhagen	Badingen	Garrenchen
Stangenhagen	Friedingen	Dissenchen
Freienhagen	Gräningen	Presehnchen
Falkenhagen	Grüningen	Birkenhainchen
Funkenhagen	Saaringen	Trebbinchen
Blumenhagen	Beveringen	Lübbinchen
Franenhagen	Bergen	Schniebinchen
Giesenhagen	An den Bergen	Gubinchen
Felsenhagen	In den Bergen	Gallinchen
Rosenhagen	Sergen	Kallinchen
Brüsenhagen	Sankt Jürgen	Bellinchen
Schmachtenhagen	Lasgen	Berlinchen
Ottenhagen	Seeläsgen	Kaminchen
Lauenhagen	Liebsgen	Wanninchen
Neuenhagen	Beesgen	Chorinchen
Stolzenhagen	Lugen	Küstrinchen
Schönhagen	Vergnügen	Alt Küstrinchen
Priedel-Schönhagen	Klein Vergnügen	Neu Küstrinchen
Klein Schönhagen	Krugen	Bräsinchen
Sternhagen	Dahen	Bresinchen
Jakobshagen	Gräbchen	Settinchen
Hildebrandshagen	Stäbchen	Stölpchen
Gerdshagen	Griebchen	Rothkäppchen
Wolfshagen	Buchwäldchen	Särchen
Friedrichshagen	Lindchen	Klein Särchen
Heinrichshagen	Karlshöfchen	Groß Särchen
Kleppelshagen	Neuhöfchen	Altenkirchen
Steffenshagen	Neudorfchen	Steinkirchen
Genshagen	Krügchen	Räschen
Rheinshagen	Feldichen	Braschen
Simonshagen	Fünfeichen	Klein Braschen
Rapshagen	Klein Fünfeichen	Klein Räschen
Petershagen	Dreieichen	Groß Räschen
Klaushagen	In den Eichen	Trebschen
Pritzhagen	Sechszehneichen	Nieschen

Brandenburg Place Name Indexes

Preschen	Klein Beuthen	Lagardesmühlen
Jehschen	Groß Beuthen	Rhinsmühlen
Libbenschen	Leuthen	Zühlen
Koschen	Klein Leuthen	Byhlen
Klein Koschen	Groß Leuthen	Mellen
Groß Koschen	Reuthen	Sorgerquellen
Löschen	Zeuthen	Döllen
Möschen	Töpperkuthen	Göllen
Schlößchen	Blüthen	Schollen
Waldschlößchen	Vierruthen	Möllen
Feldschlößchen	Glien	Schmöllen
Bergschlößchen	Paaren im Glien	Klein Schmöllen
Pretschen	Klein Glien	Groß Schmöllen
Pitschen	Groß Glien	Altes Schwöllen
Keltschen	Pensylvanien	Zollen
Költschen	Bethenien	Polen
Rentschen	Buckowien	Slamen
Juntschen	Wittwien	Kähmen
Quartschen	Staaken	Kemmen
Buschen	Neu Staaken	Kremmen
Müschen	Tacken	Tremmen
Goschzschen	Palmnicken	Stremmen
Profitchen	Klücken	Temmen
Klein Profitchen	Alt Klücken	Alt Temmen
Berneuchen	Neu Klücken	Neu Temmen
Werneuchen	Dreibrücken	Parmen
Tuchen	Stücken	Thymen
Tüchen	Kurzestücken	Alt Thymen
Lychen	Breitenstücken	Neu Thymen
Pollychen	Steinstücken	Nuhnen
Gliehen	Lanken	Groß Nuhnen
Saathen	Mienken	Tiesenbrunnen
Nieder Saathen	Brunken	Baronen
Quermathen	Holdseelen	Bärnen
Salzkossäthen	Gahlen	Vierscheunen
Siethen	Mehlen	Höpen
Ziethen	Strehlen	Reppen
Hohenziethen	Göhlen	Lippen
Klein Ziethen	Guhlen	Koppen
Groß Ziethen	Gühlen	Kaupen
Köthen	Skuhlen	Haaren
Neu Köthen	Mühlen	Paaren
Röthen	Unter den Mühlen	Gutenpaaren
Beuthen	Golßener Mühlen	Beeren
Siebenbeuthen	Wassermühlen	Klein Beeren

Groß Beeren	Grahsen	Kaltenhausen
Neu Beeren	Jehsen	Steinhausen
Tzscheeren	Pohsen	Nennhausen
Theeren	Weisen	Schönhausen
Seeren	Ölsen	Hohen Schönhausen
Gren	Gosen	Nieder Schönhausen
Bahren	Ragösen	Herrnhausen
Klein Bahren	Schweinekosen	Malterhausen
Groß Bahren	Allosen	Wusterhausen
Kahren	Ogrosen	Deutsch Wusterhausen
Guhren	Gassen	Königs Wusterhausen
Ober Guhren	Massen	Rohrbeckshausen
Nieder Guhren	Ließen	Rickshausen
Garren	Alt Gließen	Spechthausen
Skuren	Grießen	Neuhausen
Skyren	Prießen	Holzhausen
Häsen	Jessen	Zanzhausen
Neu Häsen	Klessen	Rusen
Kräsen	Sellessen	Saaten
Breesen	Ressen	Hohensaaten
Groß Breesen	Dissen	Schweinebraten
Zeesen	Gleißen	Sembten
Biesen	Weißen	Besandten
Giesen	Missen	Unbesandten
Briesen	Rissen	Fichten
Klein Briesen	Golßen	Possards Fichten
Groß Briesen	Alt Golßen	Muschten
Driesen	Polßen	Belten
Radewiesen	Booßen	Velten
Oderbruchwiesen	Drossen	Repten
Beyersdorfer Wiesen	Zossen	Lipten
Lorenzdorfer Wiesen	Nahausen	Löpten
Friedeberger Wiesen	Sandhausen	Waidgarten
Leuenberger Wiesen	Nordhausen	Heidegarten
Bürgerwiesen	Seehausen	Hoppegarten
Dechseler Wiesen	Mönnighausen	Hirsegarten
Hammerwiesen	Berghausen	Hirschgarten
Gralower Wiesen	Drachhausen	Kirschgarten
Liebenower Wiesen	Münchhausen	Buschgarten
Hathenower Wiesen	Vor Münchhausen	Wuhlgarten
Hönower Wiesen	Saalhausen	Baumgarten
Rohrwiesen	Havelhausen	Nangarten
Landschaftswiesen	Dahlhausen	Fleckengarten
Rustwiesen	Hackenhausen	Rosengarten
Glogsen	Sachsenhausen	Leuengarten

Wuppgarten	Bleyen	Marienhain
Obergarten	Alt Bleyen	Falkenhain
Bürgergarten	Neu Bleyen	Birkenhain
Thiergarten	Kraazen	Lichtenhain
Buchwaldsgarten	Wriezen	Wüstenhain
Wolfsgarten	Alt Wriezen	Ibashain
Reichsgarten	Lenzen	Wolfshain
Rittgarten	Lietzen	Friedrichshain
Stutgarten	Neu Glietzen	Arnimshain
Saugarten	Rietzen	Henkinshain
Neugarten	Treuenbrietzen	Zimmermannshain
Wugarten	Wittbrietzen	Petershain
Pförten	Prietzen	Neu Petershain
Aalkasten	Netzen	Arenzhain
Besten	Pritzen	Werenzhain
Klein Besten	Witzen	Babin
Groß Besten	Kotzen	Lebbin
Kosten	Lotzen	Trebbin
Datten	Motzen	Alt Trebbin
Berkenlatten	Zootzen	Neu Trebbin
Zatten	Quastscher Zootzen	Leddin
Zetten	Friesacker Zootzen	Breddin
Koritten	Briesener Zootzen	Seddin
Witten	Klessener Zootzen	Boddin
Neuehütten	Wagenitzer Zootzen	Bröddin
Moldenhütten	Protzen	Posedin
Jeserigerhütten	Butzen	Soldin
Vierhütten	Hohenwutzen	Landin
Reetzer Hütten	Zützen	Hohenlandin
Reetzerhütten	Wildbahn	Niederlandin
Medewitzerhütten	Ostbahn	Bardin
Werftkuten	Roddahn	Wardin
Schauen	Neu Roddahn	Kernein
Klein Schauen	Pfeifferhahn	Egloffstein
Groß Schauen	Reckahn	Karlstein
Nauen	Marzahn	Rabenstein
Hobennauen	Burglehn	Liebenstein
Rauen	Raduhn	Hohenstein
Gottvertrauen	Rehain	Sophienstein
Sauen	Kirchhain	Falkenstein
Schleuen	Oppelhain	Finkenstein
Kastaven	Unterm Hain	Neu Finkenstein
Criewen	Greifenhain	Herrenstein
Drewen	Am Eichenhain	Breitenstein
Ruwen	Buchenhain	Horstenstein

Gehauenstein	Bechlin	Klein Leppin
Freuenstein	Nechlin	Groß Leppin
Ravenstein	Stechlin	Ruppin
Reitzenstein	Zechlin	Alt Ruppin
Bernstein	Vehlin	Neu Ruppin
Amt Bernstein	Gallin	Döbberin
Schönschornstein	Werbellin	Oderin
Paarstein	Fehrbellin	Zeckerin
Graustein	Sellin	Paserin
Reitwein	Zellin	Schwerin
Stöffin	Gollin	Mohrin
Zechin	Bröllin	Butterfelde-Mohrin
Bochin	Kremlin	Gorin
Töpchin	Semlin	Chorin
Letschin	Treplin	Amt Chorin
Metzelthin	Templin	Worin
Schlagenthin	Kopplin	Küstrin
Regenthin	Garlin	Päwesin
Dergenthin	Karlin	Grumsin
Reckenthin	Berlin	Massin
Streckenthin	Premslin	Blessin
Bekenthin	Neu Premslin	Alt Blessin
Söllenthin	Postlin	Neu Blessin
Wollenthin	Pröttlin	Klessin
Sammenthin	Kränzlin	Pessin
Barenthin	Penzlin	Kossin
Warenthin	Kerzlin	Blossin
Zarenthin	Dallmin	Trossin
Mehrenthin	Kammin	Pausin
Zerrenthin	Klein Kammin	Mellentin
Demerthin	Groß Kammin	Neu Mellentin
Menkin	Pammin	Sellentin
Redlin	Kanin	Alte Wellentin
Neu Redlin	Oslanin	Rostin
Nebelin	Lehnin	Battin
Röddelin	Gennin	Lettin
Bendelin	Ober Gennin	Trettin
Rägelin	Unter Gennin	Vettin
Dolgelin	Alt Gennin	Göttin
Mögelin	Neu Gennin	Salvin
Zervelin	Kölpin	Schawin
Neu Zervelin	Groß Kölpin	Lewin
Krewelin	Alt Kolpin	Alt Lewin
Zerwelin	Leppin	Neu Lewin
Möglin	Kleppin	Brodowin

Glöwin	Salzbrunn	Schwarzhorn
Exin	Hugon	Herzhorn
Kranzin	Zion	Satzkorn
Zanzin	Ceylon	Morrn
Reckenzin	Boston	Zaun
Garzin	Neu Boston	Radun
Dobberzin	Scharn	Weggun
Werzin	Dabern	Markenthun
Groß Werzin	Nabern	Gallun
Körzin	Döbbern	Kamerun
Etzin	Klein Döbbern	Neu Kamerun
Betzin	Groß Döbbern	Yorkstown
Ketzin	Dobern	Wilhelmshayn
Retzin	Döbern	Babo
Kötzin	Schenkendöbern	Grubo
Lotzin	Alt Döbern	Skado
Plötzin	Neu Döbern	Sando
Neu Plötzin	Altes Neudöbern	Grocho
Glövzin	Alt Neu Döbern	Weltho
Kobbeln	Reddern	Schwerzko
Schegeln	Gandern	Schiedlo
Ögeln	Klein Gandern	Kohlo
Tzschecheln	Wandern	Silo
Treppeln	Zschiegern	Eulo
Kaweln	Machern	Lahmo
Dölln	Kuschern	Grano
Klein Dölln	Stiern	Alteno
Groß Dölln	Bäckern	Gruhno
Kölln	Nickern	Jamno
Neu Kölln	Möckern	Klein Jamno
Schmölln	Küppern	Groß Jamno
Stölln	Jessern	Horno
Wildermann	Stern	Zschorno
Seilwann	Paulstern	Sorno
Fenn	Göttern	Wendisch Sorno
Weißefenn	Schlaborn	Deutsch Sorno
Breitefenn	Kaltenborn	Thurno
Am Fenn	Schönborn	Waterloo
Weißfenn	Paulsborn	Schmogro
Jemenn	Krämersborn	Bahro
Brunn	Schildhorn	Gahro
Heilbrunn	Eichhorn	Sakro
Holbrunn	Schönhorn	Ukro
Schönbrunn	Weinmeisterhorn	Neu Sukro
Josephsbrunn	Grashorn	Kummro

Brandenburg Place Name Indexes

Meuro	Pyrehner Holländer	Schulzenwerder
Haaso	Guschterholländer	Hahnwerder
Kaaso	Worholländer	Kiehnwerder
Smarso	Wunder	Mohnwerder
Passo	Kroffen an der Oder	Steinwerder
Sauo	Frankfurt an der Oder	Paarsteinwerder
Kolrep	Kietz an der Oder	Weiberwerder
Porep	Werder	Jägerwerder
Stolp	Lindwerder	Reiherwerder
Kamp	Niewerder	Rüsterwerder
Eichkamp	Fernewerder	Rohrwerder
Buschkamp	Tiefwerder	Bischofswerder
Eichelkamp	Springwerder	Rauchfangswerder
Mühlenkamp	Eichwerder	Kriningswerder
Haberkamp	Barschwerder	Thöringswerder
Harnekop	Buchwerder	Baudachswerder
Gerlachshoop	Müggelwerder	Friedrichswerder
Wollup	Pappelwerder	Züllcihswerder
Amt Wollup	Auf dem Werder	Eiswerder
Kagar	Lindenwerder	Pichelswerder
Sagar	Schleenwerder	Strehmelswerder
Wendisch Sagar	Ziegenwerder	Kavelswerder
Deutsch Sagar	Büchenwerder	Brennickens Werder
Liesegar	Kienwerder	Valentinswerder
Padligar	Bostanienwerder	Hermannswerder
Goskar	Marienwerder	Krügerswerder
Genschmar	Berkenwerder	Hauswerder
Wismar	Birkenwerder	Stadtwerder
Goßmar	Fahlenwerder	Fichtwerder
Ferchesar	Klein Fahlenwerder	Nattwerder
Hohenferchesar	Groß Fahlenwerder	Neuwerder
Niederiesar	Blumenwerder	Polenzwerder
Hohenjesar	Schwanenwerder	Schmöckwitzwerder
Kossar	Bienenwerder	Kolonie
Rother Husar	Gorczinnenwerder	Schmöckwitzwerder
Muckwar	Herrenwerder	Krampfer
Daber	Wiesenwerder	Am Alten Lager
Alt Daber	Hassenwerder	Am Neuen Lager
Silber	Roskatenwerder	Altes Lager
Klein Silber	Breitenwerder	Tanger
Holländer	Fürstenwerder	Mischentanger
Mannsfelder Holländer	Puttenwerder	Zicher
Landsberger Holländer	Frauenwerder	Neu Zicher
Neuteicher Holländer	Sauenwerder	Rocher
Pollychener Holländer	Möwenwerder	Östcher

Blücher	Wubiser	Wittmoor
Kuhbier	Klein Wubiser	Südtor
Croustillier	Groß Wubiser	Vor dem Seetor
Pionier	Bernser	Vor dem Jüterboger Tor
Wölsier	Fischwasser	Vor dem Baruther Tor
Zietensier	Altwasser	Vor dem Treuenbrietzener Tor
Hohenvier	Klein Altwasser	
Neu Hohenvier	Groß Altwasser	Vor dem Trebbiner Tor
Wuschewier	Schwarzwasser	Osttor
Forstacker	Heidschäuser	Geschirr
Salzäcker	Feldhäuser	Thur
Kiecker	Neue Häuser	Merkur
Ocker	Teichhäuser	Ketzür
Wucker	Buschhäuser	Rambowr
Manker	Neuenhäuser	Jonas
Heller	Kornhäuser	Karras
Keller	Vierhäuser	Auras
Römerkeller	Junkershäuser	Grebs
Oberkrämer	Waldkater	Paradies
Neu Barnimer	Großväter	Sankt Johannes
Dammer	Fischereipöchter	Nowawes
Klein Dammer	Kloster	Fuchs
Hammer	Sabinenkloster	Lohs
Schlaubehammer	Schadebeuster	Palais
Pleiskehammer	Krähenschuster	Vevais
Lauchhammer	Neubauer	Anapolis
Drathhammer	Dauer	Köris
Eisenhammer	Jauer	Klein Köris
Zainhammer	Klein Jauer	Groß Köris
Klein Hammer	Groß Jauer	Rotzis
Kupferhammer	Tauer	Ziegenhals
Kutzdorfer Hammer	Fegefeuer	Pohls
Unterhammer	Theuer	Krams
Pleishammer	Ganzer	Harms
Althammer	Schlenzer	Krullenhans
Zanzhammer	Landwehr	Pläns
Kammer	Am Neißewehr	Marzehns
Neukammer	Eichfuhr	Klein Marzehns
Topper	Eichführ	Groß Marzehns
Kauper	Langenfuhr	Meins
Jeser	Gardir	Rauns
Hoh Zeser	Monplaisir	Scheuns
Nieder Zeser	Friedrichslabor	Communs
Jehser	Theodor	Rieplos
Groß Jehser	Moor	Bochowslos

Loos	Stockhaus	Lebus
Eichhornmühler Bruchloos	Brückhaus	Neu Lebus
Abendroth Loos	Denkhaus	Dobberbus
Haasen Loos	Kobelhaus	Schorbus
Rauener Loos	Rothelhaus	Kottbus
Maues Loos	Bieselhaus	Petkus
Siepers Loos	Pählhaus	Hubertus
Prieros	Wallhaus	Nablat
Lübars	Wollhaus	Hüttenplat
Muckers	Dammhaus	Dolgenbradt
Schiaß	Drachenhaus	Schradt
Am Goldfließ	Sophienhaus	Königstädt
Lubiathfließ	Molkenhaus	Eichstädt
Am Fließ	Ihlenhaus	Lauchstädt
Hohenfließ	Frölenhaus	Rühstädt
Marienfließ	Buhnenhaus	Lockstädt
Schönfließ	Tiergartenhaus	Himmelstädt
Bad Schönfließ	Hirtenhaus	Alte Himmelstädt
Neufließ	Leistenhaus	Altes Himmelstädt
Altenstieß	Schützenhaus	Christianstadt
Brenkenhofsfleiß	Krahnhaus	Sophienstädt
Lucksfleiß	Einhaus	Bornstadt
Jagdschloß	Grünhaus	Karstädt
Waldschloß	Neanderhaus	Luckauer Vorstadt
Seeschloß	Schäferhaus	Neustadt
Poß	Fischerhaus	Lindstedt
Alter Kauß	Räucherhaus	Kaakstedt
Mankmuß	Zieglerhaus	Eickstedt
Jagdhaus	Galluner Müllerhaus	Heimstedt
Waldhaus	Lauchhammerhaus	Bornstedt
Landhaus	Schweizerhaus	Schwedt
Schmiedehaus	Stakensetzerhaus	Schmidt
Haidehaus	Moorhaus	Seefeldt
Heidehaus	Bairisches Haus	Eichenbrandt
Weißenseehaus	Rotes Haus	Sabrodt
Weißehaus	Kochshaus	Dargardt
Neue Haus	Zenshaus	Stargardt
Neuehaus	Fischershaus	Stuttgardt
Lughaus	Torshaus	Klein Stuttgardt
Teichhaus	Weißhaus	Eisenhardt
Buschhaus	Fischbruthaus	Marquardt
Tannenbuschhaus	Neuhaus	Bührentrifft
Basteihaus	Grenzhaus	Wilhelmsstift
Schneckhaus	Trebbus	Windmühlengehöft
Blockhaus	Schwiebus	Berkners Gehöft

Forstgehöft	Sagast	Haselhorst
Langwerft	Neu Sagast	Mittelhorst
Schluft	Vehlgast	Fahlhorst
Hugoschacht	Sallgast	Kahlhorst
Placht	Wolgast	Wullhorst
Alt Placht	Gorgast	Taubenhorst
Neu Placht	Eichquast	Bergenhorst
Schmacht	Laubst	Seelenhorst
Tannicht	Leest	Herrenhorst
Umsicht	Briest	Giesenhorst
Briescht	Rabennest	Briesenhorst
Kriescht	Dohlennest	Louisenhorst
Ziescht	Arensnest	Drusenhorst
Klein Ziescht	Ahrensnest	Kattenhorst
Groß Ziescht	Serwest	Mahnhorst
Guscht	Reppist	Krohnhorst
Rietzer Bucht	Trist	Scharnhorst
Saubucht	An der Trist	Grünhorst
Freiheit	Ranst	Aarhorst
Waidmannsheit	Alt Ranst	Salderhorst
Herrlichkeit	Neu Ranst	Schäferhorst
Neue Herrlichkeit	Mißgunst	Rohrhorst
Hochzeit	Forst	Rolandshorst
Favorit	Stadtforst	Ferdinandshorst
Neumarkt	Neuforst	Stabeshorst
Welt	Storkowforst	Königshorst
Summt	Horst	Ludwigshorst
Terpt	Sandhorst	Kranichshorst
Dreiert	Lindhorst	Friedrichshorst
Zweinert	Rübehorst	Mangelshorst
Bauwert	Radehorst	Karlshorst
Steinfahrt	Spreehorst	Kolonie Karlshorst
Leopoldsfahrt	Langehorst	Paulshorst
Kuhfort	Hohehorst	Friedenshorst
Himmelpfort	Schafhorst	Konstantinshorst
Müggelhort	Berghorst	Siebmannshorst
Priort	Eichhorst	Hagershorst
Tegelort	Buchhorst	Krügershorst
Verlorenort	Alt Buchhorst	Adlershorst
Rosenort	Rehhorst	Untershorst
Modderort	Mohnhhorst	Bayershorst
Schlägerort	Kuhhorst	Alt Horst
Reierort	Birkhorst	Althorst
Frankfurt	Niebelhorst	Schlotthorst
Rohrfurt	Pappelhorst	Neuhorst

Maust	Roddau	Liebenau
Zeust	Waldau	Friedenau
Lust	Wildau	Heidenau
Antoinettenlust	Spandau	Mildenau
Hennigslust	Beesdau	Lindenau
Ludwigslust	Spreeau	Buchenau
Sperlingslust	Seebigau	Ottilienau
Schöningslust	Logau	Marienau
Friedrichslust	Züllichau	Mellenau
Hauschteckslust	Zeschau	Nißmenau
Hammelslust	Derschau	Helenenau
Hirzelslust	Klein Derschau	Wiesenau
Karlslust	Groß Derschau	Gneisenau
Wilhelmslust	Hirschau	Elisenau
Waidmannslust	Vetschau	Luisenau
Dittmannslust	Guschau	Fichtenau
Drägerslust	Drebkau	Lichtenau
Macherslust	Rackau	Breitenau
Wust	Schrackau	Wittenau
Kleeblatt	Zieckau	Charlottenau
Wirchenblatt	Luckau	Steinau
Kossenblatt	Belkau	Bernau
Berlitt	Wilkau	Dornau
Kiewitt	Hinkau	Grünau
Freigut	Zschipkau	Kostebrau
Winkelgut	Markau	Dubrau
Plangut	Gurkau	Bohrau
Kirchengut	Lieskau	Sorau
Lehnschulzengut	Droskau	Wustrau
Lehngut	Rutzkau	Syrau
Hammergut	Calau	Resau
Klostergut	Stralau	Adolfsau
Bauergut	Glau	Sonntagsau
Haberlands Gut	Pitschlau	Flemmingsau
Weinbergsgut	Kutschlau	Hertelsau
Raminsgut	Bärenklau	Karlsau
Weißer Hut	Kromlau	Wilhelmsau
Bau	Plau	Mosau
Abbau	Prenzlau	Assau
Groß Kirschbau	Benau	Dessau
Der Bau	Rabenau	Neu Dessau
Bückwitzer Bau	Lübbenau	Brestau
Hoffnungsbau	Groß Lübbenau	Zittau
Köhnsbau	Neu Lübbenau	Neu Zittau
Neubau	Ebenau	Garzau

Beaulieu	Bagow	Dürrenselchow
Klein Beaulieu	Dagow	Zollchow
Felgentreu	Jagow	Molchow
Siegröu	Lagow	Zolchow
Babow	Plagow	Bochow
Gabow	Neu Plagow	Lubochow
Grabow	Neu Lagow	Lochow
Klebow	Ragow	Neu Lochow
Trebow	Dallgow	Mochow
Deibow	Dollgow	Drochow
Katerbow	Lögow	Grochow
Zerbow	Neu Lögow	Werchow
Laubow	Rogow	Krieschow
Gadow	Schmergow	Dergischow
Schadow	Dachow	Telschow
Alt Schadow	Wachow	Wollschow
Neu Schadow	Zachow	Golschow
Skadow	Gliechow	Kurtschow
Kladow	Mechow	Bottschow
Neu Kladow	Klein Mechow	Gottschow
Stradow	Wrechow	Klein Gottschow
Woddow	Techow	Groß Gottschow
Bredow	Stechow	Krauschow
Basedow	Zechow	Buschow
Garsedow	Lübbichow	Suschow
Waldow	Hohenlübbichow	Glauchow
Schildow	Klein Lübbichow	Beuchow
Gandow	Nieder Lübbichow	Klein Beuchow
Bei Gandow	Groß Lübbichow	Groß Beuchow
Randow	Trebichow	Bathow
Sandow	Eichow	Raakow
Bindow	Deichow	Staakow
Lindow	Klein Deichow	Grabkow
Blindow	Meichow	Dieckow
Glindow	Neu Meichow	Neu Dieckow
Klein Lindow	Preichow	Tieckow
Ober Lindow	Dalichow	Zeenickow
Unter Lindow	Schlichow	Bernickow
Neu Lindow	Lellichow	Wilsickow
Düdow	Zichow	Klockow
Küdow	Malchow	Buckow
Nudow	Walchow	Klein Buckow
Rudow	Felchow	Groß Buckow
Rüdow	Melchow	Luckow
Sydow	Selchow	Klein Luckow

Groß Luckow	Beeskow	Kaselow
Suckow	Leeskow	Gaglow
Meekow	Lieskow	Klein Gaglow
Mesekow	Klein Lieskow	Groß Gaglow
Sewekow	Groß Lieskow	Mahlow
Woschkow	Brieskow	Behlow
Kuschkow	Treskow	Strehlow
Rädikow	Weskow	Vehlow
Brädikow	Roskow	Ihlow
Prädikow	Pirskow	Kohlow
Blandikow	Mauskow	Zohlow
Wernikow	Buskow	Neu Zohlow
Dobbrikow	Guskow	Kathlow
Lasikow	Platkow	Möthlow
Barsikow	Plattkow	Guhlow
Darsikow	Nettkow	Mühlow
Bietikow	Deutsch Rettkow	Byhlow
Bantikow	Bukow	Milow
Gantikow	Sükow	Groß Haklow
Nantikow	Latzkow	Kleplow
Neu Nantikow	Klein Latzkow	Parlow
Bertikow	Pritzkow	Haßlow
Gnewikow	Stützkow	Klein Haßlow
Balkow	Saalow	Zeitlow
Mandelkow	Mellen-Saalow	Gulow
Groß Mandelkow	Bälow	Bazlow
Neu Mandelkow	Galow	Wenzlow
Wulkow	Alt Galow	Gerzlow
Pankow	Neu Galow	Klein Gerzlow
Klein Pankow	Gralow	Potzlow
Groß Pankow	Kablow	Lützlow
Brankow	Madlow	Brahmow
Tankow	Radlow	Wallmow
Drenkow	Spudlow	Chrumow
Linkow	Prebelow	Schlanow
Klinkow	Werbelow	Granow
Bronkow	Dedelow	Schwanow
Schlepkow	Bandelow	Lübbenow
Schrepkow	Seelow	Liebenow
Neu Schrepkow	Torgelow	Trebenow
Sarkow	Sonnenburg-Torgelow	Wildenow
Kerkow	Bielow	Reichenow
Borkow	Brielow	Hathenow
Storkow	Krielow	Rathenow
Gurkow	Sielow	Wuthenow

Hackenow	Sornow	Kackrow
Hockenow	Tornow	Muckrow
Menow	Klein Tornow	Klein Muckrow
Groß Menow	Alter Tornow	Groß Muckrow
Rosenow	Alt Tornow	Ostrow
Lichtenow	Neu Tornow	Wustrow
Stavenow	Turnow	Alt Wustrow
Schwenow	Schünow	Neu Wustrow
Wetzenow	Kunow	Burow
Langnow	Lunow	Teurow
Machnow	Lünow	Mürow
Klein Machnow	Brunow	Thyrow
Groß Machnow	Grunow	Haasow
Richnow	Grünow	Laasow
Manschnow	Lynow	Glasow
Neu Manschnow	Schapow	Alt Globsow
Tzschetzschnow	Grapow	Neu Globsow
Drehnow	Zempow	Glodsow
Kleinow	Loppow	Streesow
Neu Kleinow	Saspow	Steesow
Hohenfinow	Düpow	Weesow
Niederfinow	Saarow	Biesow
Rhinow	Karow	Striesow
Alte Rhinow	Priebrow	Langsow
Linow	Biesenbrow	Alt Langsow
Rinow	Dubrow	Neu Langsow
Mallnow	Sacrow	Zahsow
Sellnow	Mudrow	Malsow
Neu Sellnow	Boberow	Welsow
Pinnow	Doberow	Densow
Neu Pinnow	Buberow	Schmarsow
Hönow	Prierow	Warsow
Schönow	Damerow	Massow
Neuhönow	Kummerow	Dessow
Sarnow	Lutterow	Klessow
Tarnow	Alt Lutterow	Klein Klessow
Warnow	Neu Lutterow	Groß Klessow
Wendisch Warnow	Kutzerow	Plessow
Neu Tichernow	Schmogrow	Messow
Tschernow	Speichrow	Mehßow
Sernow	Fehrow	Groß Mehßow
Wüsten Bahrnow	Mehrow	Leissow
Vahrnow	Guhrow	Dossow
Bornow	Pirow	Gossow
Hornow	Sakrow	Lossow

Klossow	Kremzow	Klein Eichholz
Rossow	Karmzow	Groß Eichholz
Büssow	Ganzow	Michholz
Gussow	Ranzow	Neschholz
Brüssow	Granzow	Buchholz
Crussow	Karnzow	Wendisch Buchholz
Krüssow	Buchow Karpzow	Französisch Buchholz
Alt Krüssow	Lietzow	Wüsten Buchholz
Neu Krüssow	Tietzow	Groß Buchholz
Gusow	Netzow	Nickholz
Batow	Petzow	Berkholz
Gatow	Retzow	Birkholz
Flatow	Nitzow	Am Holz
Zwietow	Bernitzow	Fahrenholz
Dechtow	Quitzow	Hasenholz
Zichtow	Bötzow	Hainholz
Locktow	Mötzow	Schönholz
Geltow	Alte Wötzow	Krumpholz
Alt Geltow	Kartzow	Reiherholz
Neu Geltow	Dertzow	Strodehner Holz
Teltow	Butzow	Hünnerholz
Gumtow	Wutzow	Biesterholz
Kantow	Klein Wutzow	Butterholz
Wentow	Nieder Wutzow	Rheyerholz
Treptow	Monchoix	Wartholz
Gartow	Kay	Schulz
Kürtow	Skaby	Vehlefanz
Zeestow	Torney	Neu Vehlefanz
Kliestow	Parey	Ganz
Klaistow	Dlugy	Streganz
Fristow	Gahry	Lanz
Güstow	Kuhz	Rautenkranz
Hohengüstow	Strauptiz	Beenz
Gottow	Balz	Bagenz
Bütow	Neu Balz	Gablenz
Lübzow	Malz	Gullenz
Ziezow	Telz	Dolenz
Paalzow	Zelz	Menz
Melzow	Lubolz	Kockainz
Welzow	Klein Lubolz	Baarz
Neu Welzow	Groß Ludolz	Gaarz
Golzow	Lindholz	Garz
Polzow	Bergholz	Alt Garz
Gramzow	Eichholz	Neu Garz
Klemzow	Leichholz	Treuherz

Merz	Klein Liebitz	Gohlitz
Klein Merz	Groß Liebitz	Pohlitz
Mörz	Trebitz	Jühlitz
Laatz	Gröbitz	Wallitz
Plaatz	Tröbitz	Jamlitz
Spaatz	Ströbitz	Jämlitz
Kraatz	Ferbitz	Kemlitz
Liebätz	Sterbitz	Paplitz
Suschatz	Klein Sterbitz	Töplitz
Trieplatz	Körbitz	Alt Töplitz
Pätz	Gräditz	Neu Töplitz
Klippatz	Peitz	Wöplitz
Koppatz	Liebefitz	Klein Teuplitz
Poratz	Fergitz	Groß Teuplitz
Goyatz	Bralitz	Garlitz
Beetz	Blitz	Hörlitz
Deetz	Kreblitz	Kittlitz
Alt Deetz	Boblitz	Jaulitz
Neu Deetz	Woblitz	Gülitz
Reetz	Werblitz	Pulitz
Breetz	Madlitz	Mützlitz
Lüttgen Dreetz	Alt Madlitz	Nahmitz
Alt Reetz	Neu Madlitz	Gollmitz
Seetz	Nedlitz	Göllmitz
Teetz	Redlitz	Trammitz
Kietz	Sedlitz	Anitz
Alt Kietz	Zedlitz	Plänitz
Neu Kietz	Seidlitz	Branitz
Sglietz	Wandlitz	Tranitz
Rietz	Neu Wandlitz	Trebnitz
Wendisch Rietz	Beelitz	Laubnitz
Klein Rietz	Alt Beelitz	Lübnitz
Groß Rietz	Neu Beelitz	Rädnitz
Neu Rietz	Stegelitz	Klein Rädnitz
Vietz	Tielitz	Groß Rädnitz
Segeletz	Vielitz	Reudnitz
Wolletz	Kummelitz	Rüdnitz
Klein Woetz	Weselitz	Alt Rüdnitz
Paretz	Jäglitz	Neu Rüdnitz
Uetz	Steglitz	Stüdnitz
Wutzetz	Triglitz	Neu Stüdnitz
Baitz	Klein Triglitz	Gandenitz
Luckaitz	Dahlitz	Stendenitz
Babitz	Mochlitz	Bardenitz
Liebitz	Pehlitz	Stüdenitz

Wagenitz	Liepnitz	Alt Limmritz
Kienitz	Krampnitz	Neu Limmritz
Dorf Kienitz	Sakrow-Krampnitz	Kümmritz
Klein Kienitz	Stempnitz	Göritz
Groß Kienitz	Stüpnitz	Köritz
Amt Kienitz	Warnitz	Störitz
Stepenitz	Döbbernitz	Wepritz
Perwenitz	Tzschernitz	Darritz
Drögnitz	Kümmernitz	Itritz
Parchnitz	Pernitz	Ostritz
Drieschnitz	Köpernitz	Czettritz
Teschnitz	Wernitz	Klein Czettritz
Ober Teschnitz	Zernitz	Groß Czettritz
Unter Teschnitz	Görnitz	Jüritz
Melschnitz	Tornitz	Kyritz
Behnitz	Riesnitz	Bösitz
Klein Behnitz	Briesnitz	Groß Bösitz
Groß Behnitz	Jeßnitz	Amtitz
Lehnitz	Leißnitz	Zettitz
Rehnitz	Preußnitz	Lawitz
Brehnitz	Vietnitz	Schadewitz
Steinitz	Körtnitz	Mädewitz
Crinitz	Neu Körtnitz	Alt Mädewitz
Krinitz	Beutnitz	Neu Mädewitz
Löcknitz	Alt Beutnitz	Niedewitz
Mulknitz	Neu Beutnitz	Alte Niedewitz
Wellnitz	Kunitz	Medewitz
Göllnitz	Vietznitz	Niewitz
Schöllnitz	Loitz	Dahlewitz
Köllnitz	Klein Loitz	Klewitz
Mollnitz	Roitz	Danewitz
Kramnitz	Papitz	Lienewitz
Tamnitz	Rampitz	Ohnewitz
Demnitz	Kloppitz	Dennewitz
Kemnitz	Erpitz	Lennewitz
Neu Kemnitz	Staupitz	Stennewitz
Premnitz	Teupitz	Barnewitz
Leimnitz	Säritz	Drewitz
Grimnitz	Britz	Groß Drewitz
Alt Grimnitz	Stöbritz	Alt Drewitz
Krimnitz	Döberitz	Neu Drewitz
Zinnitz	Jederitz	Krewitz
Önitz	Unser Fritz	Chossewitz
Plonitz	Sagritz	Brachwitz
Ponitz	Limmritz	Trechwitz

Brandenburg Place Name Indexes

Streichwitz	Rollwitz	Gortz
Lochwitz	Brodtkowitz	Tortz
Wilschwitz	Kuhlowitz	Jautz
Bolschwitz	Deulowitz	Kautz
Boschwitz	Tzschernowitz	Alter Kautz
Zauchwitz	Marwitz	Pardutz
Schmöckwitz	Klein Marwitz	Kreutz
Bückwitz	Derwitz	Klein Kreutz
Peikwitz	Schmerwitz	Groß Kreutz
Kalkwitz	Wusterwitz	Freischütz
Kolkwitz	Pitzerwitz	Kavelschütz
Lankwitz	Klettwitz	Oggerschütz
Kerkwitz	Neuwitz	Rietschütz
Zerkwitz	Götz	Lauschütz
Oppelwitz	Dabergotz	Mutz
Kiselwitz	Gütergotz	Klein Mutz
Dahlwitz	Am Lötz	Bernhardsmütz
Mallwitz	Bootz	Groß Mutz
Wallwitz	Wootz	Karutz
Schmellwitz	Groß Wootz	Kreuz
Gollwitz	Dyrotz	Reicherskreuz

The tower on the city wall and the Marienkirche are landmarks of the city of Prenzlau.

The monastery at Chorin is a fine example of high Gothic brick architecture.

Alphabetical Index of the Province of Brandenburg

Aalkaste
Aalkasten
Aarhorst
Abbau
Abbendorf
Abdeckerei
Abendroth Loos
Ablage
Abtei
Achimswalde
Ackerfelde
Ackermannshof
Adamsdorf
Adamsdorfer Feld
Adamsschänke
Adamswalde
Adlermühle
Adlershof
Adlershorst
Adlig Alt Podelzig
Adolfsau
Adolfsruh
Adolphshöhe
Adolphsruh
Adolphsruhe
Agneshof
Ahlimbsmühle
Ahlimbswalde
Ahrensdorf
Ahrensfelde
Ahrensnest
Albbrechtsdorf
Albersheim
Albertinenaue
Albertinenburg

Albertinenhof
Albertshof
Albrechtsbruch
Albrechtshof
Albrechtshöhe
Albrechts Mühle
Albrechtsthal
Alexanderdorf
Alexanderhof
Alexandersdorf
Allosen
Almahütte
Alsenhof
Alt Beelitz
Alt Bernsee
Alt Beutnitz
Alt Bischofsee
Alt Blessin
Alt Blessiner Loose
Alt Bleyen
Alt Bliesdorf
Alt Buchhorst
Alt Daber
Alt Deetz
Alt Diedersdorf
Alt Döbern
Alt Drewitz
Alte Buden
Alte Burg
Alte Eiche
Alte Hausstelle
Alte Himmelstädt
Alte Hölle
Alte Hütte
Alte Klemzig

Alte Mühle
Altemühle
Alte Neuenburg
Altenhof
Alte Niedewitz
Altenkirchen
Alteno
Altensorge
Altenstieß
Alter Finkenkrug
Alte Rhinow
Alter Kalkofen
Alter Kauß
Alter Kautz
Alter Tornow
Altes Himmelstädt
Altes Lager
Altes Neudöbern
Altes Schmagorei
Altes Schwöllen
Alte Wellentin
Alte Wötzow
Alt Friedland
Alt Friesack
Alt Galow
Alt Garz
Alt Gaul
Alt Geltow
Alt Gennin
Alt Glienicke
Alt Gließen
Alt Globsow
Alt Golm
Alt Gołßen
Alt Grimnitz

Alt Gurkowsch
Alt Haferwiese
Althammer
Alt Hartmannsdorf
Alt Horst
Althorst
Althütte
Alt Hüttendorf
Alt Karbe
Alt Karber Berge
Alt Kietz
Alt Klücken
Alt Kolpin
Alt Koppenbrück
Alt Krummendamm
Alt Krüssow
Alt Künkendorf
Alt Küstrinchen
Alt Landsberg
Alt Langerwisch
Alt Langsow
Alt Lewin
Alt Lietzegöricke
Alt Limmritz
Alt Lipke
Alt Löwenberg
Alt Lutterow
Alt Mädewitz
Alt Madlitz
Alt Mahlisch
Alt Markgrafpieske
Alt Mönchwinkel
Altmühl
Alt Neu Döbern
Altona
Alt Placht
Alt Ranst
Alt Reetz
Alt Rehfeld
Alt Rosenthal
Alt Rüdnitz
Alt Ruppin
Alt Schadow
Alt Schaumburg
Alt Schöningsbruch

Altsorge
Alt Stahnsdorf
Alt Temmen
Alt Thymen
Alt Töplitz
Alt Tornow
Alt Trebbin
Alt Tucheband
Altwasser
Alt Wriezen
Alt Wustrow
Alt Zauche
Alt Zeschdorf
Alvensleben
Alvenslebenbruch
Alwine
Alwinenhof
Amalienfelde
Amalienhof
Am Alten Lager
Amandusdorf
Am Bauernsee
Am Berge
Am Drachenberg
Am Eichenhain
Amerika
Am Fenn
Am Fließ
Am Fuhlenberg
Am Goldfließ
Am Holz
Am Kostersee
Am Krummensee
Am Kuhbrückenweg
Am Lötz
Am Lugwege
Am Mühlbusch
Am Neißewehr
Am Neuen Lager
Am Oderdamm
Am Radacher See
Am See
Am Spring
Amt Bernstein
Amt Chorin

Amtitz
Amt Kienitz
Amt Rheinsberg
Amtskolonie
Amtsmühle
Amtsweinberge
Amt Wollup
Am Vordersee
Am Weinberg
Am Weinberge Dobbrikow
Am Wriezener Damm
Anapolis
An den Bergen
An der Elbe
An der Fluth
An der Heide
An der Schönhagener
  Mühle
An der Teurower Mühle
An der Trist
An der Vorderheide
An der Wegemühle
Andreasmühle
Angermünde
Angersaue
Angersweinberg
Angra Bequena
Anhalter Kolonie
Anitz
Annahof
Annahütte
Annamühle
Annenaue
Annenhof
Annenwalde
Anspach
Antoinettenlust
Antoinettenruh
Antoniengrube
Antonienhof
Apel
Appellei
Arendsdorf
Arendsee
Arensnest

Arenzhain
Arnimshain
Arnimswalde
Arnoldshof
Arnsburg
Arnswalde
Assau
Atterwasch
Auenmühle
Auenwalde
Auenweide
Auf dem Werder
Auf der Dorfaue
Auf der Fallung
Auf der Scheibe
Auf der Weiche
Augustenaue
Augustenfelde
Augustenhof
Augustenhöhe
Augustenmühle
Augustenruh
Augustenwalde
Augustfelde
Augusthof
Augusthöhe
Augustwalde
Auras
Aurith
Baarz
Babben
Babe
Babekuhl
Babelsberg
Babin
Babitz
Babo
Babow
Bachmannshof
Bäck
Bäckermühle
Bäckern
Bademeusel
Badingen
Bad Schönfließ

Bagemühl
Bagenz
Bagow
Bahren
Bahrensdorf
Bahrfelde
Bahro
Bahroldmühle
Baiersberg
Bairisches Haus
Baitz
Balhornsruhe
Balkow
Bälow
Balz
Bamme
Bandelow
Bandelowshof
Bantikow
Banzendorf
Barammühle
Bardenitz
Bardin
Bärenbruch
Bärenbrück
Bärenbusch
Bärendikte
Bärenhöhle
Bärenklau
Bärensprung
Barenthin
Bärfang
Bärfelde
Bärnen
Barnewitz
Barnickshof
Barnim
Barnimer Herrenwiese
Baronen
Barsch
Barschendorf
Bärschlauch
Barschwerder
Barsikow
Barsikowerluch

Barsikowerplan
Bartelshof
Baruth
Bärwalde
Bärwinkel
Barzig
Basdorf
Basedow
Baßdorf
Baßlower Mühle
Basta
Basteihaus
Bathow
Batow
Battin
Bau
Baudach
Baudachswerder
Bauergut
Bauermühle
Baufelde
Baumgarten
Baumgartenbrück
Bauwert
Bayershof
Bayershorst
Bayerswald
Bazlow
Beatenfeld
Beatenwalde
Beaulieu
Beauregard
Bebersee
Bechlin
Beelitz
Beelitzhof
Beenz
Beerbaum
Beeren
Beerenbusch
Beerfelde
Beesdau
Beesgen
Beeskow
Beetz

Beetz-Sommerfeld
Behlendorf
Behlow
Behnitz
Behrensbrück
Behrensdorf
Bei der Mühle
Beiersdorf
Bei Gandow
Bei Sophiendorf
Beitzsch
Bekenthin
Belgen
Belkau
Bellevue
Bellinchen
Belten
Belzig
Benau
Bendelin
Benschbude
Bentwisch
Berg
Bergaben
Bergbrück
Bergdorf
Berge
Bergen
Bergenhorst
Bergerdamm
Bergfelde
Berghausen
Berghof
Berghöfe
Bergholz
Bergholzer Mühle
Berghorst
Bergkolonie
Berglauch
Bergmühle
Bergsam
Bergschlößchen
Bergsdorf
Bergshöhe
Bergsoll mit Drebel

Bergthal
Berkenbrück
Berkenbrügge
Berkenlatten
Berkenwerder
Berkholz
Berkholzofen
Berkners Gehöft
Berlage
Berlin
Berlinchen
Berliner Mühle
Berlinermühle
Berlitt
Berlowshof
Bernau
Berndtshöhe
Berneuchen
Bernhardinenhof
Bernhardsmütz
Bernheide
Bernickow
Bernitzow
Bernöwe
Bernsdorf
Bernser
Bernstein
Bertha
Berthelsdorf
Bertikow
Besandten
Besten
Bethenien
Betiem
Betzin
Betzin-Karwesee
Beuchow
Beutel
Beutenberg
Beuthen
Beutnitz
Beveringen
Beyersdorf
Beyersdorfer Wiesen
Biberteich

Biebersdorf
Biegen
Biegenbrück
Bielow
Bienenwerder
Biesdorf
Bieselhaus
Biesen
Biesenbrow
Biesenthal
Biesow
Biesterholz
Bietikow
Billendorf
Bindow
Bindowbrück
Binenwalde
Birk
Birkbruch
Birkbusch
Birkenberge
Birkendorf
Birkenfelde
Birkengrund
Birkenhain
Birkenhainchen
Birkenwerder
Birkholz
Birkholzer Mühle
Birkholzgrund
Birkhorst
Birklake
Birklauch
Bischdorf
Bischofsee
Bischofspfuhl
Bischofssee
Bischofswerder
Bismark
Bismarkmühle
Blabbermühle
Blandikow
Blankenberg
Blankenfelde
Blankensee

Brandenburg Place Name Indexes

Blankfeld	Bohmshof	Boschwitz
Blasdorf	Bohmsmühle	Bösitz
Bleiche	Bohnenland	Boßdorf
Blesendorf	Bohnenmühle	Bostanienwerder
Blessin	Bohnsdorf	Boston
Blessiner Loose	Bohrau	Bothendorf
Bleyen	Bohsdorf	Botta
Bliesdorf	Boisterfelde	Bottschow
Bliesendorf	Boitzenburg	Bötzow
Blindenheim	Boldtshof	Braatzfelde
Blindow	Bölkendorf	Brachwitz
Blitz	Bollbrück	Brädikow
Blobels Mühle	Bollensdorf	Brahmow
Blochbude	Bollersdorf	Bralitz
Block	Bollmannshof	Brand
Blockbrück	Bollmühle	Brandenburg
Blockhaus	Bolschwitz	Brandmühle
Blockwinkel	Boltenmühle	Brandstelle
Bloischdorf	Bölzke	Brandtemühle
Blossin	Bomsdorf	Branitz
Blücher	Booßen	Brankow
Blumberg	Bootz	Braschen
Blumberger Bruch	Borack	Bräsinchen
Blumbergsche Mühle	Borchertsruh	Braunsberg
Blumber Mühle	Borchmannshof	Braunsdorf
Blumenaue	Borgisdorf	Braunsfelde
Blumenfelde	Borgsdorf	Brausebachmühle
Blumenhagen	Borhagenkummelsburg	Breddin
Blumenhof	Bork	Bredereiche
Blumenthal	Borker Mühle	Bredow
Blumenwerder	Borkow	Breese
Blumshof	Borne	Breesen
Blüthen	Bornemannspfuhl	Breetz
Boberow	Bornfelde	Brehnitz
Bobersberg	Bornhofen	Breite
Boblitz	Börnichen	Breitebruch
Bochin	Börnicke	Breitefenn
Bochow	Bornim	Breitegestell
Bochowslos	Bornkuhl	Breitelege
Bock	Bornow	Breitenau
Böckenberg	Bornsdorf	Breitenfeld
Bocksfelde	Bornstadt	Breitenstein
Bockwindmühle	Bornstädtsthal	Breitenstücken
Boddin	Bornstedt	Breitenteichsche Mühle
Böhmerheide	Borsigwalde	Breitenwerder

51

Bremsdorf	Brügge	Buderose
Bremsdorfer Mühle	Brügger Berge	Buderoser Mühle
Brenkenhof	Brunken	Bugk
Brenkenhofsbruch	Brünkendorf	Buhnenhaus
Brenkenhofsfleiß	Brunn	Bührentrifft
Brenkenhofswalde	Brunne	Bukow
Brennickens Werder	Brunow	Bullenbruch
Bresch	Brunschwig	Bullenbruchinsel
Bresinchen	Brusendorf	Bullendorf
Breslack	Brüsenhagen	Bülowssiege
Brestau	Brüsenwalde	Bündigershof
Brielow	Brüssow	Burg
Briescht	Buberow	Bürgerbruch
Briese	Buch	Bürgergarten
Brieseberg	Buchberg	Bürgermühle
Brieselang	Buchenau	Bürger Wendemark
Briesen	Bucheneck	Bürgerwiesen
Briesener Zootzen	Buchenhain	Burg Friesack
Briesenhorst	Büchenwerder	Burghagen
Briesenluch	Buchheide	Burghof
Brieske	Buchholz	Burglehn
Brieskow	Buchholzer Mühle	Burgwall
Briesnigk	Buchholzermühle	Burgwallschanze
Briesnitz	Buchholzmühle	Burig
Briest	Buchhorst	Bürknersfelde
Brietzig	Buchmühle	Burow
Brimsdorf	Buchow Karpzow	Busch
Britz	Buchsmühle	Buschen
Bröddin	Buchspring	Buschgarten
Brodowin	Buchte	Buschhaus
Brodtkowitz	Buchthal	Buschhäuser
Broichsdorf	Buchwäldchen	Buschhof
Broichsdorfer Rotemühle	Buchwalde	Buschkamp
Bröllin	Buchwaldsgarten	Buschkrug
Bronkow	Buchwerder	Buschmühle
Bruch	Buchwiese	Buschow
Bruchhagen	Bückchen	Busendorf
Bruchhagener Mühle	Bückgen	Buskow
Bruchhütte	Buckoka	Bußberg
Bruchmühle	Buckow	Bußberger Mühle
Brück	Buckowien	Bußberg Grüneberg
Brückenfeld	Bückwitz	Büssow
Brückenkopf	Bückwitzer Bau	Butenmühle
Brückhaus	Buddenhagen	Bütow
Brückmühle	Buden	Butterfelde

Butterfelde-Mohrin	Criewen	Damshöhe
Butterholz	Crinitz	Danewitz
Butterlake	Croustillier	Dannenberg
Butzen	Crussow	Dannenfeld
Butzow	Czettritz	Dannenreich
Byhlegruhre	Dabendorf	Dannenwalde
Byhlen	Daber	Dannhof
Byhlow	Dabergotz	Danzigmühle
Calau	Dabern	Dargardt
Carlshof	Dachow	Dargersdorf
Cecilienhöhe	Dachsberg	Darritz
Ceylon	Dagow	Darrmietzel
Chakobsee	Daheim	Darsikow
Charlottenau	Dahen	Datten
Charlottenburg	Dahlem	Daube
Charlottenfeld	Dahlewitz	Dauer
Charlottenfelde	Dahlhausen	Dauerthal
Charlottenhof	Dahlitz	Dechsel
Charlottenhöh	Dahlwitz	Dechseler Wiesen
Charlottenthal	Dahme	Dechtow
Chausseekolonie	Dahmsdorf	Dedelow
Chausseekrug	Dahnsdorf	Deetz
Chorin	Dalichow	Dehmsee
Chorinchen	Dalldorf	Deibow
Chossewitz	Dallgow	Deichow
Chransdorf	Dallmin	Demerthin
Christdorf	Damelack	Demitzer Mühle
Christianenhof	Damelang	Demmlershof
Christiansaue	Damelanger Mühle	Demnitz
Christiansburg	Damerow	Denkhaus
Christianshof	Damerswalde	Dennewitz
Christianstadt	Damm	Dense
Christinendorf	Dammbusch	Densow
Christinenhof	Damme	Depenthal
Christophswalde	Dammendorf	Der Bau
Chrumow	Dammer	Dergenthin
Chursdorf	Dammhaus	Dergischow
Chursdorfer Kolonie	Dammhirsch	Der Sand
Claraöh	Dammkrug	Derschau
Cocceji Neudorf	Dammsmühle	Dertzow
Cocceji Neuwalde	Dammühle	Derwitz
Cocceji Stubbenhagen	Dampfmühle	Dessau
Communs	Dampfschneide	Dessow
Consul	Damsbrück	Deulowitz
Cöpenick	Damsdorf	Deutschboden

Brandenburg Place Name Indexes

Deutsch Bork	Dochowermühle	Drahendorf
Deutschebruch	Dohlennest	Drahnsdorf
Deutschhof	Dohnsfelde	Dranse
Deutsch Rettkow	Dolenz	Drathhammer
Deutsch Rettkower Mühle	Dolgelin	Drauschemühle
Deutsch Sagar	Dolgen	Drebkau
Deutsch Sorno	Dolgenbradt	Dree Brök
Deutsch Wilmersdorf	Dolgensee	Drehna
Deutsch Wusterhausen	Dolk	Drehne
Dianenthal	Dollan	Drehnow
Dickdamm	Döllen	Dreibrücken
Dickebruch	Dollenchen	Dreiecksee
Dicking	Döllengradung	Dreieichen
Dickte	Dollgen	Dreiert
Diebelbruch	Dollgenmühle	Dreilinden
Dieckow	Dollgow	Dreipfuhl
Diedersdorf	Dölln	Drenkow
Diehle	Döllnkrug	Drense
Diehloer Berge	Dolzig	Drenzig
Diensdorf	Dölzig	Dresden
Diepensee	Dölzigerbrück	Dresesch
Dierberg	Dolzke	Drewen
Dikte	Dom Brandenburg	Drewitz
Dippmannsdorf	Domhof	Dreyershof
Dissen	Dommühle	Drieschnitz
Dissenchen	Domsdorf	Driesen
Dittmannslust	Doraushof	Drochow
Dlugy	Dorettenhof	Drogansmühle
Dobberbus	Dorf Kienitz	Drögnitz
Döbberin	Dorfstelle	Droguschmühle
Döbbern	Döringsbrück	Droschkermühle
Döbbernitz	Dorismühle	Drösigk
Dobberphul	Dornau	Droskau
Dobberzin	Dornbuschmühle	Drossen
Döbbrick	Dornswalde	Drusenhorst
Dobbrikow	Dorotheenhof	Duben
Doberfaul	Dörrwalde	Düben
Döberitz	Dossow	Dubine
Dobern	Drachendorf	Dubitzmühle
Döbern	Drachenhaus	Dubkowmühle
Döberner Grenze	Drachhausen	Dubrau
Döbern und Rettchensdorf	Dragebruch	Dubraucke
Doberow	Dragemühle	Dübrichen
Dobrilugk	Drägerslust	Dubroke
Dobristroh	Drägerswille	Dubrow

54

Dudel
Düdow
Dühhof
Dühnshof
Dühringshof
Dümde
Dünamünde
Dunkel
Dunkels Ruh
Düpow
Düpower Mühle
Düppel
Durdesmühle
Dürrenfeldermühle
Dürrenhofe
Dürrenselchow
Dürrewolf
Dusterlake
Dyrotz
Ebelshof
Eben
Ebenau
Eberswalde
Eckartswalde
Eduardshof
Eduardspring
Edwardshof
Egarsee
Egelpfuhl
Eggersdorf
Egloffstein
Egsdorf
Ehrenberg
Eichberg
Eichbusch
Eiche
Eichelkamp
Eichenbrandt
Eichendorfer Mühle
Eichenfelde
Eichenhof
Eichenpark
Eichfuhr
Eichführ
Eichheide

Eichholz
Eichhorn
Eichhornmühle
Eichhornmühler Bruchloos
Eichhorst
Eichkamp
Eichmühle
Eichow
Eichquast
Eichstädt
Eichwald
Eichwalde
Eichwerder
Eickstedt
Eifflers Ölmühle
Eineiche
Einhaus
Einsiedelei
Eisdorf
Eisenbahnkolonie
Eisenbruch
Eisenhammer
Eisenhardt
Eiserbruch
Eiserbude
Eiskute
Eiswerder
Eldenburg
Eldenburger Mühle
Elend
Elisabethhof
Elisabethhöhe
Elisabethsglück
Elisenau
Elisenberg
Elisenbruch
Elisenheim
Elisenhof
Elisenhöhe
Erpitz
Eschbruch
Espenbusch
Esperance
Etzin
Eulam

Eulamerbruch
Eule
Eulo
Eva
Evengrund
Ewaldothal
Ewaldshof
Exin
Fahlenberg
Fahlenwerder
Fahlhorst
Fahrenholz
Fahrenwalde
Fahrland
Falkenberg
Falkenbergs Mühle
Falkenhagen
Falkenhagener Mühle
Falkenhain
Falkenkrug
Falkenrehde
Falkenstein
Falkenthal
Falkenthalerplan
Falkenwalde
Fallung
Fangschleuse
Fannyhof
Fasanerie
Faulbaum
Fauleriege
Favorit
Federkrug
Fegefeuer
Fehrbellin
Fehrow
Felchow
Feldberg
Feldgrieben
Feldhäuser
Feldheim
Feldhof
Feldichen
Feldmark
Feldmarschallshof

Feldmühle
Feldschlößchen
Felgentreu
Felixgrube
Felsenhagen
Fenn
Fenne
Fennluch
Ferbitz
Ferch
Ferchesar
Ferdinand
Ferdinandsfelde
Ferdinandshof
Ferdinandshöh
Ferdinandshorst
Ferdinandsthal
Ferfiske
Fergitz
Fernewerder
Fern Neuendorf
Fichten
Fichtenau
Fichtengrund
Fichtenwall
Fichtheide
Fichtwerder
Fiebigershof
Finkenberg
Finkenheerd
Finkenkrug
Finkenstein
Finsterwalde
Fischbruthaus
Fischerbude
Fischereipöchter
Fischerfelde
Fischerhaus
Fischershaus
Fischershof
Fischerwall
Fischwasser
Flatow
Fleckengarten
Flemmingsau

Flemsdorf
Flieth
Floringshof
Flottstelle
Fluthkrug
Fohrde
Forst
Forstacker
Försterlake
Förstershof
Forstgehöft
Franenhagen
Frankena
Frankendorf
Frankenfelde
Frankenförde
Frankfurt
Frankfurt/Oder
Franzensberg
Franzenshof
Französisch Buchholz
Franzthal
Frauenberg
Frauendorf
Frauenhof
Frauensee
Frauenwerder
Fredenwalde
Fredersdorf
Freesdorf
Frehne
Freiberg
Freidorf
Freienbrink
Freienfelde
Freienhagen
Freienthal
Freienwalde
Freigut
Freiheit
Freiheitsfelde
Freiheitsloose
Freiimfelde
Freischütz
Freiwalde

Frenzelei
Fresdorf
Fretzdorf
Freudenberg
Freuenstein
Friedberg
Friedeberg
Friedeberger Wiesen
Friedeberg/Neumark
Friedebergschbruch
Friedenau
Friedenfelde
Friedensfolge
Friedenshorst
Friedenthal
Friederikenfelde
Friederikenhof
Friedersdorf
Friedheim
Friedhof
Friedingen
Friedland
Friedrich
Friedrichsaue
Friedrichsbauhof
Friedrichsberg
Friedrichsbruch
Friedrichsdorf
Friedrichsfeld
Friedrichsfelde
Friedrichsgüte
Friedrichshagen
Friedrichshain
Friedrichshöhe
Friedrichshorst
Friedrichshuld
Friedrichskrug
Friedrichslabor
Friedrichslust
Friedrichsmühle
Friedrichsohn'sche
Windmühle
Friedrichsruh
Friedrichsthal
Friedrichsthaler Glashütte

Friedrichswalde
Friedrichswerder
Friedrichswille
Friedrichswunsch
Friedrich Wilhelm
Friedrischhof
Friesack
Friesacker Zootzen
Friesenhof
Fristow
Fritschendorf
Fritze
Fröhden
Frohnsdorf
Frölenhaus
Fuchs
Fuchsberg
Fuchsberge
Fuchskörnung
Fuchsmühle
Fuhrmannsruh
Fünfeichen
Funkenhagen
Funkenmühle
Fürstenberg
Fürstenfelde
Fürstenwalde
Fürstenwerder
Gaarz
Gabenshof
Gablenz
Gabow
Gadow
Gadsdorf
Gaglow
Gahlbergs Mühle
Gahlen
Gahro
Gahry
Gaisberg
Galgenberg
Gallin
Gallinchen
Gallun
Galluner Müllerhaus

Gallunsbrück
Galow
Gandenitz
Gandern
Gandow
Gantikow
Ganz
Ganzer
Ganzow
Gapel
Gardir
Garlin
Garlitz
Garren
Garrenchen
Garsedow
Gartow
Gartzer Grenze
Garz
Garzau
Garzin
Gassen
Gastrose
Gatkenmühle
Gatow
Gattigmühle
Gaul
Gebersdorf
Gehauenstein
Gehege
Gehegemühle
Gehre
Geibelpfuhl
Geilenfelde
Geisberg
Geisendorf
Geislershof
Gellmersdorf
Geltow
Genges Kolonie
Gennin
Genschmar
Genshagen
Gentzrode
Georgenthal

Georgshof
Georgshöhe
Geranienhof
Gerdshagen
Gerheim
Gerickensberg
Gerlachshof
Gerlachshoop
Gerlachsthal
Germania
Germaniamühle
Germendorf
Germersdorf
Gersdorf
Gerstwinkel
Gerswalde
Gerzlow
Geschirr
Gessing
Gielsdorf
Gielsdorfer Mühle
Giesen
Giesenaue
Giesenbrügge
Giesenhagen
Giesenhorst
Giesensdorf
Gieses Plan
Gieshof Mehrin Graben
Gießmannsdorf
Gipsthal
Glambach
Glambeck
Glambecker Mühle
Glambecksee
Glanzhof
Glasow
Glau
Glauchow
Glauschdorf
Gleißen
Glembach
Glewe
Gliechow
Gliehen

Glien	Gorczinnenwerder	Gräden
Gliener Anteil	Görden	Gräditz
Glienicke	Gorgast	Gräfendorf
Glienig	Görigk	Grahsen
Glienike	Görike	Gralow
Gliening	Gorin	Gralower Untermühle
Glindow	Göritz	Gralower Wiesen
Glinzig	Görlsdorf	Gramsfelde
Glödenhof	Görlsdorfer Mühle	Gramzow
Glodsow	Görnitz	Gräningen
Glogsen	Görsdorf	Grano
Glövzin	Gortz	Granow
Glowe	Görzig	Gransee
Glöwin	Goschzschen	Grantzower Mühle
Glückauf	Gosda	Granzow
Glücksburg	Gosedahl	Grapow
Gludig	Gosen	Grasenbrück
Gnadenreich	Goskar	Grashorn
Gneisenau	Goßmar	Graßnickmühle
Gnevsdorf	Gossow	Gratze
Gnewikow	Götschendorf	Grätzwalde
Godbeck	Gottberg	Graupenmühle
Göhlen	Göttern	Graustein
Gohlitz	Gottesgabe	Grebs
Gohra	Gotthold	Greifenhain
Goldbach	Göttin	Greiffenberg
Goldbruch	Gottow	Grelle
Göllen	Gottschimm	Gren
Gollin	Gottschimmerbruch	Grenzbruch
Gollitza	Gottschow	Grenze
Gollmitz	Gottsdorf	Grenzhaus
Göllmitz	Gottvertrauen	Grenzhof
Göllnitz	Götz	Grenzmühle
Gollwitz	Götzes Gülpermühle	Grenzschleuse
Golm	Götzkendorf	Greschmühle
Golschow	Goyatz	Gridona
Golschower Buden	Gräbchen	Griebchen
Gölsdorf	Gräbendorf	Grieben
Goßen	Gräbershof	Grieben Herzberg
Goßener Mühlen	Grabig	Griebsee
Golzenruh	Grabke	Griesel
Golzig	Grabkow	Griesenfelde
Golzow	Grabow	Grieses Bauerhof
Gömnigk	Grabower Mühle	Grießen
Görbitsch	Grabowsee	Griffenhagen

Grimme
Grimnitz
Grobbe
Gröben
Gröbitz
Grocho
Grochow
Gröditsch
Gronenfelde
Groß Altwasser
Groß Bademeusel
Groß Bahren
Groß Barnim
Groß Beeren
Groß Behnitz
Groß Berge
Groß Besten
Groß Beuchow
Groß Beuthen
Groß Blumberg
Groß Böhmerheide
Groß Bösitz
Groß Breesen
Groß Briesen
Groß Buchholz
Groß Buckow
Groß Czettritz
Groß Derschau
Groß Döbbern
Groß Dölln
Groß Drenzig
Groß Drewitz
Große Amtsmühle
Große Dränke
Große Heide
Groß Ehrenberg
Groß Eichholz
Große Mühle
Großenhof
Große Nietzelmühle
Großer Wall
Groß Fahlenwerder
Groß Feedenwalde
Groß Friedrich
Groß Gaglow

Groß Gastrose
Groß Giesename
Groß Glien
Groß Glienicke
Groß Gottschow
Groß Haklow
Großheide
Groß Hennersdorf
Groß Jamno
Groß Jauer
Groß Jehser
Groß Kammin
Groß Kamminer Mühle
Groß Kienitz
Groß Kirschbau
Groß Klessow
Groß Kölpin
Groß Kölzig
Groß Köris
Groß Koschen
Groß Krausnigk
Groß Kreutz
Groß Langerwisch
Groß Leine
Groß Leppin
Groß Leuthen
Groß Lichterfelde
Groß Liebitz
Groß Lieskow
Groß Linde
Groß Louisa
Groß Lübbenau
Groß Lübbichow
Groß Lüben
Groß Luckow
Groß Ludolz
Groß Luja
Groß Machnow
Groß Mandelkow
Groß Mantel
Groß Marzehns
Groß Mehßow
Groß Menow
Groß Muckrow
Großmühle

Groß Mutz
Groß Neuendorf
Groß Nuhnen
Groß Oßnig
Groß Pankow
Groß Papiermühle
Groß Radden
Groß Rade
Groß Rädnitz
Groß Räschen
Groß Rene
Groß Rietz
Groß Särchen
Groß Schauen
Groß Schmöllen
Groß Schönebeck
Groß Schulzendorf
Großsee
Groß Sperrenwalde
Groß Spiegelberg
Groß Tauchel
Groß Teuplitz
Groß Tzschacksdorf
Großväter
Groß Wasserburg
Groß Welle
Groß Werzin
Groß Wollersdorf
Groß Wootz
Groß Wubiser
Groß Zerlang
Groß Ziescht
Groß Ziethen
Grötsch
Grötzsch
Grube
Grubenmühle
Grubo
Gruhno
Grumsin
Grüna
Grünau
Grünaue
Grünbaumkrug
Grünberg

Grundhof	Gülitz	Hagelberg
Grundkavel	Gullenz	Hagelfelde
Grundmühle	Gulow	Hagen
Grundsaue	Gülpe	Hagershorst
Grüneberg	Gumtow	Hahneberg
Grüne Eiche	Günterberg	Hahnshof
Grünefeld	Günterbergermühle	Hahnwerder
Grünehirsch	Güntersberg	Haidehaus
Grüne Hütte	Günthersdorf	Haidehof
Grüneiche	Gürgenaue	Haidemühl
Grünenberg	Gurkau	Haidemühle
Grüner Baum	Gurkow	Hainholz
Grünergrund	Gurkowschbruch	Hainholzmühle
Grünerlinde	Guschau	Hainwise
Grüner Wald	Guscht	Hakenberg
Grüne Tanne	Guschterbruch	Hakenfelde
Grunewald	Guschterholländer	Halangmühle
Grünhaus	Guse	Halde
Grünhof	Guskow	Halenbeck
Grünhölzel	Gusow	Hälse
Grünhorst	Gussow	Hamelberg
Grüningen	Gustava	Hammelbrück
Grunow	Gustav Adolf	Hammelei
Grünow	Gustavsruh	Hammelslust
Grünrade	Güstebiese	Hammelspring
Grünswalde	Güstow	Hammelstall
Grünthal	Guten Germendorf	Hammer
Grunwald	Gutenpaaren	Hammerablage
Grusche	Güterberg	Hammerdamm
Grützdorf	Gütergotz	Hammergut
Gtoß Breese	Haage	Hammerheide
Guben	Haagmühle	Hammerkolonie
Gubinchen	Haaren	Hammerkrug
Guhden	Haasel	Hammermühle
Guhdenermühle	Haasemühle	Hammerwiesen
Guhlen	Haasen Loos	Hampschire
Gühlen	Haaso	Hänchen
Gühlen-Glienicke	Haasow	Hanffs Ruh
Guhlow	Haberkamp	Hängebusch
Guhlsdorf	Haberlands Gut	Hangelsberg
Guhren	Hackelspring	Hangelsberger Mühle
Guhrow	Hackenhausen	Hankels Ablage
Gulben	Hackenow	Hankes Mühle
Güldenhof	Haferwiese	Hannemannei
Gülgutshof	Hag	Hansa

Hanseberg
Hansfelde
Hardenbeck
Harms
Harmuths Berg
Harnekop
Harnischdorf
Hartensdorf
Harthe
Hartmannsdorf
Hartte
Hartzwalde
Haselberg
Haselbusch
Haselhorst
Häselich
Haseloff
Häsen
Hasenfelde
Hasenheide
Hasenholz
Hasenwinkel
Hasselbruch
Hassendorf
Hassenwerder
Haßleben
Haßlow
Hathenow
Hathenower Wiesen
Hauschteckslust
Hausstelle Alte
Hauswerder
Haus Zoffen
Havannah
Havelberg
Havelhausen
Haverland
Hayasch
Heckelberg
Hedwigsberg
Hedwigshof
Hedwigshütte
Hedwigsmühle
Heegermühle
Heide

Heideberg
Heidegarten
Heidehaus
Heidekavel
Heidekrug
Heidelauch
Heidelberg
Heidelbergsmühle
Heidemühle
Heidenau
Heideteich
Heidschäuser
Heilbrunn
Heiligengrabe
Heiligensee
Heimstedt
Heineberg
Heinersbrück
Heinersdorf
Heinersdorfer Mühle
Heinrichsaue
Heinrichsdorf
Heinrichsfeld
Heinrichsfelde
Heinrichshagen
Heinrichshof
Heinrichsruh
Heinrichswalde
Helenenau
Helenenhof
Helenenruh
Hellberge
Hellbruch
Hellburg
Helle
Heller
Hellersdorf
Hellmühle
Helmersruh
Helminenwalde
Helmsdorf
Henkinshain
Hennersdorf
Hennickendorf
Hennigsdorf

Hennigslust
Henriette
Henriettenhof
Henriettenthal
Hentschelmühle
Henzendorf
Herbersdorf
Herenberg
Hermannshof
Hermannshöh
Hermanns Mühle
Hermannsthal
Hermannswerder
Hermannswunsch
Hermanshof
Hermersdorf
Hermsdorf
Hermshof
Hermswalde
Herrendorf
Herrenhof
Herrenhorst
Herrenstein
Herrenwerder
Herrenwiese
Herrlichkeit
Herrmannsthal
Herrnhausen
Herrnmühle
Hertefeld
Hertelsau
Herzberg
Herzdorf
Herzersaue
Herzershof
Herzfelde
Herzfelder Feld
Herzhorn
Herzogswalde
Herzsprung
Hessehagen
Hessenhagener Mühle
Hessenwinkel
Hetzdorf
Hildebrandshagen

Hildebrandshof	Hohenbinde	Holländermühle
Hildegard	Hohenbruch	Holländer Windmühle
Hildsheim	Hohenbrück	Hölle
Hilles Ansiedel	Hohenbusch	Holm
Himmelpfort	Hohendorf	Holzablage
Himmelstädt	Hohenelse	Holzendorf
Hindenberg	Hohenfelde	Holzhausen
Hindenburg	Hohenferchesar	Holzländerhof
Hindernißmühle	Hohenfinow	Holzmühle
Hinkau	Hohenfließ	Hönow
Hinterberge	Hohengörsdorf	Hönower Wiesen
Hinterbruch	Hohengrape	Höpen
Hintere Winkel	Hohengüstow	Hoppegarten
Hinterfelde	Hohenjesar	Hoppenrade
Hinterkrug	Hohenkarzig	Hopsenberge
Hintermühle	Hohenkränig	Hopsenbruch
Hinterwiese	Hohenkräniger Berge	Hörlitz
Hinzdorf	Hohenlandin	Horlitza
Hirnschädel	Hohenlübbichow	Hornbude
Hirschau	Hohen Neuendorf	Hörning
Hirschberg	Hohenofen	Horno
Hirschburg	Hohensaaten	Hornow
Hirschfelde	Hohen Schönhausen	Hornsmühle
Hirschgarten	Hohenschöpping	Horst
Hirschgrund	Hohenseefeld	Horstenstein
Hirschkrug	Hohenstein	Horstmühle
Hirsegarten	Hohenvier	Hubertus
Hirtenhaus	Hohenwalde	Hubertushöhe
Hirzelslust	Hohenwartenberg	Hubertusmühle
Hitzdorf	Hohenwerbig	Hubertusstock
Hobennauen	Hohenwinkel	Hufenbruch
Hobrechtsfelde	Hohenwutzen	Hufenfeld
Hochheim	Hohenziethen	Hufenkolonie
Hochland	Hoherampe	Hugansmühle
Hochzeit	Hoher Berg	Hugnerwerdich
Hockenow	Hoherlöhme	Hugon
Hofebruch	Hohler Weg	Hugoschacht
Hoffnungsbau	Hohlfeld	Hühnerpfühle
Hoffnungsthal	Hoh Zeser	Hülsebeck
Höfgen	Holbeck	Hümpel
Hohefeld	Holbrunn	Hundekehle
Hohehaide	Holdseelen	Hundshelle
Hoheheide	Holländer	Hünemörderstelle
Hohehorst	Holländerberg	Hungriger Wolf
Hohenahlsdorf	Holländer Mühle	Hünnerholz

Hütte	Jamno	Jonas
Hüttendorf	Jänickendorf	Jordan
Hüttenplat	Jankemühle	Jörsfelde
Iba	Jännersdorf	Josephsbrunn
Ibashain	Jänschwalde	Judenberg
Ibashof	Jarelsberg	Judenkirchhof
Ibaswalde	Jauer	Jühlitz
Ihlenhaus	Jaulitz	Jühnsdorf
Ihlow	Jautz	Julianenhof
Illmersdorf	Jederitz	Julienhof
Ilse	Jehschen	Julienwalde
Im Koyneschen Busch	Jehsen	Jungfernheide
Im Lug	Jehser	Jungs Mühle
Im Rädsch	Jehserigk	Junkerfeld
In dem Felde	Jemenn	Junkerhof
In den Bergen	Jentsch	Junkershäuser
In den Eichen	Jerischke	Juntschen
In der Rue	Jerusalem	Jüritz
Inselberg	Jeschkendorf	Justinenhof
Itritz	Jeser	Justinenwalde
Jabel	Jeserig	Jütchendorf
Jachzenbrück	Jeserigerhütten	Jüterbog
Jackel	Jessen	Jüttendorf
Jäckelsbruch	Jessern	Kaakstedt
Jädickendorf	Jeßneman	Kaakstedter Mühle
Jagdhaus	Jeßnitz	Kaaso
Jagdschloß	Jethe	Kabel
Jagel	Jetsch	Kablow
Jageler Silge	Jetzschke	Kackrow
Jägerbude	Joachimshof	Kadelhof
Jägersburg	Joachimsthal	Kaden
Jägerswalde	Joachimsthalermühle	Kagar
Jägerwerder	Jocksdorf	Kagel
Jäglitz	Johannahütte	Kahlenberg
Jagow	Johannenberg	Kahlhorst
Jähnsdorf	Johanneshof	Kähmen
Jahnsfelde	Johanneshöhe	Kahnsdorf
Jahnshof	Johannesmühle	Kähnsdorf
Jakobsdorf	Johannesthal	Kähnsfelde
Jakobsfelde	Johanneswunsch	Kahren
Jakobshagen	Johannisberg	Kahsel
Jamaika	Johannisheide	Kaisermühl
Jamlitz	Johannishof	Kaiserstuhl
Jämlitz	Johannismühle	Kalenzig
Jammermühle	Johannisthal	Kalkberge

Kalke	Karlsaue	Kathfelder Mühle
Kalkmühle	Karlsberg	Kathlow
Kalkofen	Karlsbiese	Kathlower Mühle
Kalksee	Karlsburg	Kattenhorst
Kalkwitz	Karlsdorf	Kattenstiegsmühle
Kallinchen	Karlsfeld	Kaule
Kallinenberg	Karlsfelde	Kaulsdorf
Kalotsche	Karlsheim	Kaupen
Kaltenborn	Karlshof	Kauper
Kaltenhausen	Karlshöfchen	Kaupmühle
Kaltenhof	Karlshöhe	Kausche
Kaltwassermühle	Karlshorst	Kautz
Kalzig	Karlslust	Käutzchenburg
Kamenka	Karlsruh	Kavelschütz
Kamerun	Karlsruhe	Kavelswerder
Kaminchen	Karlstein	Kaweln
Kammer	Karlswerk	Kay
Kämmerei Wendemark	Karmzow	Kaysche Großmühle
Kammermark	Karnzow	Kehlkendorf
Kammerode	Karolinenhof	Kehrberg
Kammin	Karolinenhöhe	Kehrigk
Kamminer Mühle	Karolinenthal	Keller
Kamp	Karolinsburg	Kelling
Kampehl	Karow	Keltschen
Kanal	Karpfenteich	Kemlitz
Kanig	Karras	Kemmen
Kanin	Karstädt	Kemnath
Kaniner Krug	Karstedtshof	Kemnitz
Kaniswall	Karsthal	Kemnitzer Feld
Kanne	Karthan	Kemnitzerheide
Kannenburg	Kartzow	Kerkow
Kannomühle	Karutz	Kerkwitz
Kanomühle	Karwe	Kernein
Kantdorf	Karwer Wassermühle	Kerngrund
Kantow	Karwesee	Kerring
Kapellenhof	Karzig	Kersdorf
Kapernaum	Karziger Mühle	Kerstenbruch
Kappan	Kasel	Kerstenbrügge
Kappe	Kaselow	Kerzendorf
Kaputh	Kasserolhof	Kerzlin
Karbe	Kaßnersmühle	Kesselgrund
Karber Berge	Kastaven	Kesselsdorf
Karche	Katerbow	Ketschendorf
Karlin	Katharinenhof	Ketzin
Karlsau	Katharinensee	Ketzür

Kiebitzberg
Kieck
Kiecker
Kiehnhaide
Kiehnwerder
Kiekebusch
Kiekemal
Kienbaum
Kienberg
Kienbruch
Kienitz
Kienwerder
Kiesberg
Kieselwitzermühle
Kiesgrube
Kietz
Kietz an der Elbe
Kietz an der Oder
Kietzweg
Kiewitt
Kinderfreude
Kirchenfelde
Kirchengut
Kirchensee
Kirchhain
Kirchhof
Kirchhofen
Kirschbaum
Kirschberg
Kirschgarten
Kirstenhof
Kiselwitz
Kittlitz
Kladow
Klairshof
Klaistow
Klandorf
Klarashof
Klasdorf
Klausdorf
Klausdorfer Feld
Klaushagen
Klausheide
Klausthal
Klaustushof

Klauswalde
Klauswalder Mühle
Klebow
Kleeberg
Kleeblatt
Kleeden
Kleeste
Klein Altwasser
Klein Bademeusel
Klein Bahren
Klein Barnim
Klein Beaulieu
Klein Beeren
Klein Behnitz
Klein Berge
Klein Besten
Klein Beuchow
Klein Beuthen
Klein Blumberg
Klein Braschen
Klein Breese
Klein Briesen
Klein Buckow
Klein Chursdorf
Klein Czettritz
Klein Dammer
Klein Deichow
Klein Derschau
Klein Döbbern
Klein Dölln
Klein Drenzig
Klein Düben
Kleine Heide
Klein Ehrenberg
Klein Eichholz
Kleine Mietzelmühle
Kleine Mühle
Kleine Sorge
Kleine Tränke
Klein Fahlenwerder
Klein Fredenwalde
Klein Fünfeichen
Klein Gaglow
Klein Gandern
Klein Gastrose

Klein Gerzlow
Klein Giesenaue
Klein Glien
Klein Glienicke
Klein Görigk
Klein Gottschow
Klein Hammer
Klein Haßlow
Kleinheide
Kleinheinersdorf
Klein Hennersdorf
Kleinhof
Klein Jamno
Klein Jauer
Klein Kammin
Klein Kienitz
Klein Kirchbaum
Klein Klessow
Klein Kohlhof
Klein Kölzig
Klein Köris
Klein Koschen
Klein Kransnigk
Klein Kreutz
Klein Langerwisch
Klein Latzkow
Klein Leine
Klein Leppin
Klein Leuthen
klein Liebitz
Klein Lieskow
Klein Linde
Klein Lindenbusch
Klein Lindow
Klein Loitz
Klein Lübbichow
Klein Lüben
Klein Lubolz
Klein Luckow
Klein Machnow
Klein Mantel
Klein Marwitz
Klein Marzehns
Klein Mechow
Klein Merz

Brandenburg Place Name Indexes

Klein Muckrow	Klein Zerlang	Klostergut
Klein Mühle	Klein Ziescht	Klostermühle
Kleinmühle	Klein Ziethen	Klosterrähne
Klein Mutz	Kleisthof	Klosterwalde
Klein Neuendorf	Kleisthöhe	Klosterwaldermühle
Klein Otznig	Kleistruhe	Kloster Zina
Kleinow	Klementinenhof	Klücken
Klein Pankow	Klemzig	Knack
Klein Peetzig	Klemzow	Knehden
Klein Petersdorf	Klenzenhof	Knoblauch
Klein Profitchen	Kleplow	Knochenmühle
Klein Radden	Kleppelshagen	Knopmühle
Klein Rade	Kleppin	Knorraue
Klein Rädnitz	Klepsig	Knorrenhof
Klein Räschen	Klessen	Kobbeln
Klein Rietz	Klessener Zootzen	Kobelhaus
Klein Rothenburg	Klessin	Koboltenhof
Klein Särchen	Klessow	Kochsdorf
Klein Schauen	Klesterheide	Kochshaus
Klein Schmöllen	Klette	Kockainz
Klein Schönebeck	Klettwitz	Kohlengrube
Klein Schönhagen	Kletzke	Kohlengruben
Klein Schulzendorf	Klewitz	Köhlershof
Kleinsee	Kliestow	Kohlhafenbrück
Klein Silber	Kliestower Mühle	Kohlhof
Klein Sperrenwalde	Klinge	Kohlmetzhof
Klein Spiegelberg	Klingermühle	Kohlo
Klein Sterbitz	Klingmühl	Kohlow
Klein Stuttgardt	Klingmühl Lichterfeld	Kohlsdorf
Klein Tauchel	Klinkenmühle	Köhnsbau
Klein Teuplitz	Klinkmühle	Köhnshof
Klein Tornow	Klinkow	Kolbatzer Mühle
Klein Triglitz	Klippatsmühle	Kolberg
Klein Vergnügen	Klippatz	Kolberger Ablage
Klein Vortach	Klippendorf	Kolkwitz
Klein Wall	Klirmühle	Kollinshof
Klein Wasserburg	Klobbicke	Kölln
Klein Weinberg	Klockow	Köllnitz
Klein Wille	Kloppitz	Kolonie am Gorinsee
Klein Wittstock	Klossow	Kolonie Hammelbrück
Klein Woetz	Klostenhof	Kolonie Heidelberg
Klein Woltersdorf	Kloster	Kolonie Karlshorst
Klein Woxfelde	Klosterberg	Kolonie Kleinsee
Klein Wubiser	Klosterdorf	Kolonie Marie
Klein Wutzow	Klosterfelde	Kolonie Nutzberg

Kolonie Schmöckwitzwerder	Körtnitz	Kratznick
Kolonie Viktoria	Körzin	Kraupe
Kolonie Vogelsang	Koschen	Krauschow
Kolonie Zehnebeck	Koschenberg	Krausnick
Kölpin	Koschendorf	Krausriche
Kolrep	Koselmühle	Kraußnigk
Költschen	Koseshof	Krayne
Kolzenburg	Kossar	Kreblitz
Kölzig	Kossenblatt	Krebsjauche
Kölzigerberg	Kossin	Krebsmühle
Komptendorf	Koßwigk	Kremlin
Komthurmühle	Kostebrau	Kremmen
Königlich Alt Podelzig	Kosten	Kremmerdamm
Königsberg	Köthen	Krempendorf
Königsdamm	Kotsemke	Kremzow
Königshof	Kottbus	Kreutz
Königshorst	Kottbuser Stadtheide	Kreutzer Heimberge
Königshütte	Kotzen	Kreuz
Königstädt	Kötzin	Kreuzberg
Königswalde	Koyne	Kreuzbruch
Königswille	Kraatz	Kreuzburg
Königs Wusterhausen	Kraazen	Kreuzkrug
Könkendorf	Krachtsheide	Kreuzlauch
Konrade	Krähenschuster	Kreuzmühle
Konradsgrube	Krahne	Kreuzthal
Konradshöhe	Krahnepuhl	Krewelin
Konstantinshorst	Krahnhaus	Krewitz
Kontopmühle	Krämersborn	Kribbe
Köpernitz	Krämerspfuhl	Kribbelake
Koppatz	Kramnitz	Krieban
Koppel	Krampe	Kriele
Koppen	Krampenburg	Krielow
Koppenbrück	Krampermühle	Krieschow
Kopplin	Krampfer	Kriescht
Kopplinsthal	Krampnitz	Kriming
Kopschenzmühle	Krams	Krimnitz
Korbiskrug	Kranepuhl	Kriningswerder
Körbitz	Krangen	Krinitz
Köris	Kranichshorst	Kröchlendorf
Koritten	Kranichspfuhl	Kroffen
Köritz	Kranzin	Kroffen an der Oder
Kornbusch	Kranzinbruch	Krohle
Kornhäuser	Kränzlin	Krohnhorst
Korsika	Kräsen	Krollshof
	Kratzelbruch	Kromlau

Brandenburg Place Name Indexes

Krügchen
Kruge
Krugen
Krügergrund
Krügersdorf
Krügershöhe
Krügershorst
Krügersmühle
Krügerswerder
Krügerswunsch
Krullenhans
Krüllenkempe
Krumbeck
Krummendamm
Krummendorf
Krummenluch
Krummenpfahl
Krummensee
Krummkavel
Krumpfuhl
Krumpholz
Krüssow
Küchlers Ölmühle
Kuckädel
Kückebusch
Kuckswinkel
Kuckucksmühle
Küdow
Kugelmühle
Kuhberg
Kuhbergs Mühle
Kuhbier
Kuhbläke
Kuhblank
Kuhblankshof
Kuhbrücke
Kuhburg
Kuhdamm
Kuhfort
Kuhhorst
Kuhlmühle
Kuhlowitz
Kühnemühle
Kuhnshof
Kuhsdorf

Kuhwalk
Kuhwinkel
Kuhz
Kukuk
Kukulsmühle
Kulm
Kumlofe Mühle
Kumlofen
Kummelitz
Kümmernitz
Kummerow
Kummersdorf
Kümmritz
Kummro
Kunersdorf
Kunersdorfer Sorge
Kunitz
Kunitzer Loose
Kunkelberg
Künkendorf
Kunow
Kunschmühle
Kunsterspring
Kunstmühle
Kunzendorf
Kupferbrück
Kupferhammer
Kupfermühle
Küppern
Kurtmühle
Kürtow
Kurtschlag
Kurtschow
Kurze Loose
Kurzestücken
Kuschern
Kuschkow
Küstrin
Küstrinchen
Kutschlau
Kutschmühle
Kuttel
Kutzdorf
Kutzdorfer Hammer
Kutzeburger Mühle

Kutzermühle
Kutzerow
Kyritz
Laasdorf
Laase
Laaske
Laaslich
Laasow
Laasower Mühle
Laatz
Labaschmühl
Ladeburg
Lagardesmühlen
Lagow
Lahmo
Lakoma
Lamitsch
Lammersdorf
Lamprechtswalde
Lamsfeld
Landhaus
Landhof
Landin
Landsberg
Landsberg/Warthe
Landsberger Holländer
Landschaftswiesen
Landwehr
Langebrücke
Langegasse
Langehorst
Langen
Langendamm
Langenfeld
Langenfuhr
Langenlipsdorf
Langenpfuhl
Langenspring
Langerönnemühle
Langerwisch
Langestück
Lang Heinersdorf
Langmel
Langnow
Langsow

Langwerft
Lanke
Lanken
Lankener Mühle
Lankwitz
Lanz
Lanzer Mühle
Lapenower Mühle
Lasgen
Lasikow
Lässig
Latzkow
Latzkowermühle
Latzwall
Laubnitz
Laubow
Laubsdorf
Laubst
Laubster Buden
Lauchhammer
Lauchhammerhaus
Lauchstädt
Lauenhagen
Lauenhof
Laugerei
Lauschütz
Lauschützermühle
Lauta
Lawitz
Lebbin
Lebersee
Lebrechtshof
Lebus
Lebuser Loose
Leddin
Lederwalke
Leegebruch
Leeskow
Leest
Legde
Legel
Lehde
Lehmannshöfel
Lehmannsthal
Lehme

Lehmgrube
Lehngut
Lehnigksberg
Lehnin
Lehnitz
Lehnschulzengut
Lehraksmühle
Leibchel
Leibsch
Leichholz
Leimnitz
Leine
Leipe
Leißnitz
Leissow
Leistenbrück
Leistenhaus
Leistenhof
Leitersdorf
Lellichow
Lemmersdorf
Lennewitz
Lentzke
Lentzker Mühle
Lenzburg
Lenzen
Lenzenbruch
Lenzersilge
Leopoldsfahrt
Leopoldsthal
Leoshof
Lepelsruh
Leppin
Leppinsplan
Lerchenfeld
Lerchenspring
Lerowshof
Letschin
Lettin
Leuenberg
Leuenberger Wiesen
Leuengarten
Leuthen
Lewin
Lewiner Herrenwiese

Libbenschen
Libbesicke
Lichtefleck
Lichtena
Lichtenau
Lichtenberg
Lichtenhain
Lichtenow
Lichtenow Damm
Lichtenrade
Lichterfeld
Lichterfelde
Liebätz
Liebefitz
Lieben
Liebenau
Liebenberg
Liebenfelde
Liebenhof
Liebenow
Liebenower Mühle
Liebenower Wiesen
Liebenstein
Liebenthal
Liebenwalde
Lieberose
Liebesinsel
Liebitz
Liebsdorf
Liebsgen
Liebthal
Liedekahle
Lience
Lienewitz
Liepe
Liependorf
Liepnitz
Liesegar
Lieskau
Lieske
Lieskow
Ließen
Lietsche Besitzung
Lietze
Lietzegöricke

Lietzen	Löbenhelde	Lübben
Lietzow	Lobeofsund	Lübbenau
Limberg	Löchelskrug	Lübbenow
Limmritz	Lochow	Lübbesee
Limsdorf	Lochwitz	Lübbichow
Linaberg	Löcknitz	Lübbinchen
Lindchen	Lockstädt	Lüben
Linde	Locktow	Lubiath
Lindehof	Logau	Lubiather Wassermühle
Lindena	Lögow	Lubiathfließ
Lindenaer Mühle	Lohm	Lübnitz
Lindenau	Löhme	Lubochmühle
Lindenberg	Lohmühlberg	Lubochow
Lindenbusch	Lohmühle	Lubolz
Lindenfeld	Lohs	Lübsee
Lindengrund	Loitz	Lübzow
Lindenhof	Loos	Luch
Lindenmühle	Loose	Lüchfeld
Lindensee	Loosmühle	Luckaitz
Lindenshöh	Loppow	Luckau
Lindenwerder	Löpten	Luckauer Vorstadt
Linderode	Lorenzdorf	Luckenwalde
Lindholz	Lorenzdorfer Wiesen	Luckow
Lindholzfarm	Löschen	Lucksfleiß
Lindhorst	Löschkrug	Lüdendorf
Lindow	Lossow	Lüdersdorf
Lindstedt	Lottsche	Lüdersdorfer Damm
Lindthal	Lotzen	Lüdertswalde
Lindwerder	Lotzin	Ludolfshof
Linkow	Lotzschke	Ludwigsaue
Linow	Louisa	Ludwigsburg
Linthe	Louisenaue	Ludwigsfelde
Linther Oberbusch	Louisenberg	Ludwigsgrund
Linum	Louisenburg	Ludwigshof
Linumerdamm	Louisenfelde	Ludwigshöhe
Linzmühle	Louisenhof	Ludwigshorst
Lipke	Louisenhöhe	Ludwigslust
Lipkeschbruch	Louisenhorst	Ludwigsruh
Lippe	Louisenruh	Ludwigsthal
Lippehne	Louisenthal	Ludwigswunsch
Lippen	Löwenberg	Lug
Lippenze	Löwenbruch	Lugen
Lipten	Löwendorf	Luggendorf
Lobbese	Löwenkrug	Lughaus
Lobendorf	Lübars	Lugk

Lugkeberge
Luhme
Lühnsdorf
Luhsche
Lühsdorf
Luisenau
Luisenfeld
Luisenfelde
Luja
Lunkensee
Lunow
Lünow
Lupinenhof
Lüsse
Lust
Lüthkeshof
Lütjenheide
Lütkendorf
Lütkendosse
Lütkenwisch
Lütte
Lutterow
Lüttgen Dreetz
Lutze
Lützlow
Lychen
Lynow
Machern
Macherslust
Machnow
Mädewitz
Madlitz
Madlitzer Mühle
Madlow
Magdalenenhütte
Magnushof
Mahlendorf
Mahlisch
Mahlow
Mahlsdorf
Mahnhorst
Maiberg
Maienpfuhl
Majorshof
Malche

Malchow
Malge
Malkendorf
Mallenchen
Mallnow
Mallwitz
Malsow
Malta
Malterhausen
Malz
Malzmühle
Mandelkow
Mangelshorst
Manker
Mankmuß
Mannheim
Mannsfelder Holländer
Manschnow
Mansfeld
Mansfelde
Mantel
Marberg
Margaretenhof
Margarethenhof
Marggraffshof
Mariannenhof
Marienau
Marienberg
Marienbruch
Marienbrück
Mariendorf
Marienfeld
Marienfelde
Marienfließ
Marienhain
Marienheim
Marienhof
Marienhöh
Marienhöhe
Marienland
Marienmühle
Marienspring
Marienthal
Marienwalde
Marienwerder

Marienwiese
Markau
Markee
Markendorf
Markenthun
Markersdorf
Markgrafpieske
Marquardt
Marsdorf
Marstall
Märtensmühle
Marwitz
Marwitzer Mühle
Maryland
Marzahn
Marzahne
Marzdorf
Marzehns
Marzelle
Massen
Massen Finsterwalde
Massin
Massow
Massowburg
Mathildenhof
Matschdorf
Mattendorf
Matzdorf
Maues Loos
Maulbeerwalde
Mauskow
Maust
Maustmühle
Mebes' Mühle
Mechow
Mecklenburg
Medewitz
Medewitzerhütten
Meekow
Mehlen
Mehlsdorf
Mehl und Ölmühle
Mehrenthin
Mehrow
Mehßow

Meichow	Mietzelfelde	Molchow
Meierei	Mietzelmühle	Moldenhütten
Meiersdorf	Mildenau	Molkenberg
Meiers Windmühle	Mildenberg	Molkenhaus
Meinhof	Militzwinkel	Molkerei
Meins	Milkersdorf	Mollberg
Meinsdorf	Milmersdorf	Möllen
Meisnershof	Milow	Möllenberg
Melchow	Minettenberg	Möllendorf
Meldensee	Minnashöh	Möllensee
Mellen	Mischentanger	Möllersfelde
Mellenau	Missen	Mollnitz
Mellen-Saalow	Mißgunst	Mönchehof
Mellentin	Mittel Breese	Mönchmühle
Melschnitz	Mittelbruch	Monchoix
Melzow	Mittelbusch	Mönchsbrück
Menkin	Mitteldamm	Mönchsheim
Menkiner Mühle	Mittelheide	Mönchwinkel
Menow	Mittel Helmsdorf	Mönnighausen
Menz	Mittelhorst	Monplaisir
Merke	Mittel Linderode	Moor
Merkur	Mittelmühle	Moorhaus
Mertensdorf	Mittel Stentsch	Moorlake
Merz	Mittenwalde	Moospfuhl
Merzdorf	Mittwalde	Moreitzmühle
Merzwiese	Mittweide	Morgenland
Meseberg	Mixdorf	Moritzhof
Mesekow	Mlade	Morrn
Mesendorf	Möbinsmühle	Mörz
Messow	Möbiskruge	Mosau
Metschmühle	Mochheide	Möschen
Metzdorf	Mochlitz	Möthlow
Metzelthin	Mochow	Motrich
Meuro	Möckern	Motzen
Meyenburg	Modderort	Motzenmühle
Meyersche Windmühle	Modderpfuhl	Mötzow
Meyershof	Modderwiese	Möwenwerder
Michaelisbruch	Moderlake	Muchowshof
Michelsdorf	Mödlich	Mückenberg
Michendorf	Mögelin	Mückenburg
Michholz	Möglin	Mückendorf
Mienken	Mohnhhorst	Mückensang
Mienwald	Mohnwerder	Muckers
Miersdorf	Mohrin	Muckrow
Mietgendorf	Mohrs Windmühle	Muckwar

Mudrow
Müggelheim
Müggelhort
Müggelsee
Müggelwerder
Müggenburg
Müggenbusch
Müggendorf
Muggerkuhl
Mühlberg
Mühlbock
Mühle
Mühle am Wernitzer Weg
Mühle auf dem Berg
Mühle im Felde
Mühlen
Mühlenbeck
Mühlenberg
Mühlenbruch
Mühlendorf
Mühlenkamp
Mühlenkolonie
Mühlenland
Mühlhof
Mühlkrug
Mühllauch
Mühlow
Mulknitz
Müllerei
Müllersthal
Müllrose
Müncheberg
Münchehofe
Münchhausen
Münchhofe
Münchsdorf
Mürbenfelde
Mürow
Murzig
Muschan
Müschen
Muschten
Mutz
Mützdorf
Mutzer Plan

Mützlitz
Nabern
Nablat
Nächst Neuendorf
Nachtigallsche Mühle
Nackel
Nadge
Nahausen
Nahausener Mühle
Nahmitz
Nangarten
Nanndorf
Nantikow
Nassenheide
Natteheide
Nattwerder
Nauen
Nausdorf
Neanderhaus
Nebelin
Nebendorf
Nechlin
Nechliner Mühle
Nedlitz
Nedlitzer Berg
Nehesdorrf
Neidfeld
Neisse Aue
Neißmühle
Ne Koppenbrück
Nemischhof
Nennhausen
Nerdorf
Neschholz
Nesselgrund
Nesselkappe
Nettchensdorf
Nettelbeck
Nettgendorf
Nettkow
Nettkower Mühle
Netzbruch
Netzen
Netzow
Neu Ahrensfelde

Neu Amerika
Neu Babelsberg
Neu Balz
Neu Barnim
Neu Barnimer
Neubau
Neubauer
Neu Beelitz
Neu Beeren
Neu Beutnitz
Neu Bischofsee
Neu Blessin
Neu Bleyen
Neu Bliesdorf
Neu Boston
Neubrück
Neu Bückchen
Neu Buhleguhre
Neudamm
Neu Deetz
Neu Dessau
Neu Dieckow
Neu Diedersdorf
Neu Döbern
Neudorf
Neudorfchen
Neudörfel
Neu Dresden
Neu Drewitz
Neue Ansiedlung
Neue Buden
Neue Friedrichsmühle
Neue Haus
Neuehaus
Neue Häuser
Neue Herrlichkeit
Neuehütte
Neuehütten
Neue Krug
Neuekrug
Neue Mühle
Neuemühle
Neuenburg
Neuenburger Feld
Neuendamm

Neuendorf
Neuendorferbruch
Neuendorfer See
Neuendorf im Sande
Neuenfeld
Neuenhagen
Neuenhäuser
Neuensund
Neuentempel
Neuenzoll
Neu Erbach
Neue Spitzmühle
Neuewiese
Neu Fahrland
Neu Falkenwalde
Neufeld
Neu Finkenkrug
Neu Finkenstein
Neufließ
Neuforst
Neu Friedland
Neu Friedrichsdorf
Neu Galow
Neugarten
Neu Garz
Neu Gaul
Neu Geltow
Neu Gennin
Neu Gersdorf
Neu Glienicke
Neu Glietzen
Neu Globsow
Neu Golm
Neugraben
Neu Grube
Neu Grünrade
Neu Günterberg
Neu Gurkowschbruch
Neu Haferwiese
Neu Hammermühle
Neuhardenberg
Neu Hartmannsdorf
Neu Häsen
Neu Hassendorf
Neuhaus

Neuhausen
Neuhäuser Mühle
Neu Helpe
Neu Herrenwiese
Neuhof
Neuhöfchen
Neu Hohenvier
Neu Hohenwalde
Neu Holland
Neuholland
Neuhönow
Neu Hopfenbruch
Neuhorst
Neuhütte
Neu Kamerun
Neukammer
Neu Karbe
Neu Karlshof
Neu Kemnitz
Neu Kietz
Neu Kladow
Neu Kleinow
Neu Klücken
Neu Kölln
Neu Körtnitz
Neu Köthen
Neukrug
Neu Krummendamm
Neu Krüssow
Neu Künkendorf
Neu Kunnersdorf
Neu Küstrinchen
Neu Lagow
Neuland
Neu Langerwisch
Neu Langsow
Neu Lebus
Neu Lewin
Neu Lewiner Herrenwiese
Neu Lietzegöricke
Neu Limmritz
Neu Lindow
Neu Lipke
Neu Lochow
Neu Lögow

Neu Löwenberg
Neu Lübbenau
Neu Lüdersdorf
Neu Ludwigsaue
Neu Lutterow
Neu Mädewitz
Neu Madlitz
Neu Mahlisch
Neu Mandelkow
Neumannswalde
Neu Manschnow
Neumarkt
Neu Mecklenburg
Neu Meichow
Neu Mellentin
Neu Möchwinkel
Neumühl
Neumühle
Neumühl Kutzdorf
Neu Nantikow
Neunzigerwinkel
Neu Petershain
Neu Pinnow
Neu Placht
Neu Plagow
Neu Plaue
Neu Plötzin
Neu Podelzig
Neu Premslin
Neu Ranst
Neu Rathstock
Neu Redlin
Neu Rehfeld
Neu Reichenwalde
Neu Rietz
Neu Roddahn
Neurode
Neu Roofen
Neu Rosenthal
Neu Rottstock
Neu Rüdnitz
Neu Ruppin
Neu Sagast
Neu Schadow
Neu Schaumburg

Brandenburg Place Name Indexes

Neuscheune	New Klemzig	Niewisch
Neu Schlagsdorf	New York	Niewitz
Neu Schönfeld	Nichel	Nikolassee
Neu Schöningsbruch	Nickern	Nikolskoe
Neu Schrepkow	Nickholz	Ninive
Neu Seegefeld	Niderheide	Nißmenau
Neu Sellnow	Niebede	Nitzow
Neusorge	Niebel	Noacksteich
Neu Staaken	Niebelhorst	Nobelshof
Neustadt	Niebendorf	Nonnendamm
Neu Stahnsdorf	Nieden	Nonnendorf
Neustall	Nieder Alvensleben	Nordend
Neu Stüdnitz	Niederfinow	Nordhausen
Neu Sukro	Nieder Görlsdorf	Nordhof
Neuteich	Nieder Görsdorf	Noßdorf
Neuteicherfeld	Nieder Guhren	Nowawes
Neuteicher Holländer	Nieder Helmsdorf	Nudow
Neu Temmen	Niederhof	Nuhnen
Neu Thymen	Niederiesar	Nunsdorf
Neu Tichernow	Nieder Kränig	Nutzberg
Neu Töplitz	Niederlandin	Ober Alvensleben
Neu Tornow	Nieder Lehme	Obergarten
Neu Trebbin	Nieder Linderode	Ober Gennin
Neu Tucheband	Nieder Lübbichow	Ober Görlsdorf
Neu Ulm	Nieder Mühle	Ober Greiffenberg
Neu Vehlefanz	Nieder Neuendorf	Ober Guhren
Neuwalde	Nieder Saathen	Oberhaide
Neuwalder Luhsche	Nieder Schöneweide	Oberheide
Neu Waltersdorf	Nieder Schönhausen	Ober Helmsdorf
Neu Wandlitz	Nieder Seefeld	Oberhof
Neuwedell	Nieder Ullersdorf	Oberjünne
Neu Welzow	Nieder Wellersdorf	Ober Kietzmühle
Neuwerder	Nieder Werbig	Ober Klemzig
Neu Wildenhagen	Nieder Wutzow	Oberkrämer
Neu Wilkersdorf	Nieder Zeser	Ober Linderode
Neuwitz	Niedewitz	Ober Lindow
Neu Worfelde	Niemaschkleba	Obermühl
Neu Wustrow	Niemegk	Obermühle
Neu Zauche	Niemerlang	Ober Schöneweide
Neu Zeichdorf	Niemitzsch	Obersdorf
Neuzelle	Niendorf	Oberspreewald
Neu Zervelin	Niepölzig	Obersteigerwohnung
Neu Zicher	Nieschen	Ober Stentsch
Neu Zittau	Niewerder	Ober Teschnitz
Neu Zohlow	Niewerle	Ober Trattendorf

75

Ober Ullersdorf
Ober und Unter Schlaubemühle
Oberweinberg
Ober Wellersdorf
Oblath
Obst Plantage
Ocker
Oderberg
Oderberg in der Mark
Oderbruch
Oderbruchwiesen
Oderin
Oderthal
Ögeln
Oggerschütz
Ogrosen
Ohlesche Mühle
Ohnewitz
Ölmühle
Ölsen
Ölsnig
Önitz
Oppelhain
Oppelwitz
Oranienburg
Oranienburgermühle
Ortwig
Ortwiger Graben
Osdorf
Oslanin
Ossagk
Ossendorf
Ossig
Ostbahn
Östcher
Ostend
Osterburg
Ostermannshof
Osterne
Osterwalde
Ostritz
Ostrow
Osttor
Ottendorf

Ottenhagen
Ottilienau
Ottilienhof
Ottohof
Ottoshof
Ottoshöhe
Otznig
Övelgünde
Övelgünne
Paalzow
Paaren
Paaren im Glien
Paarstein
Paarsteinwerder
Pabstthum
Pademagk
Padligar
Pagram
Pählhaus
Pahlsdorf
Palais
Palmnicken
Palzig
Pammin
Pamminer Mühle
Panicke
Pankow
Papenberge
Papenbruch
Papendorf
Papiermühle
Papitz
Paplitz
Pappelhorst
Pappelwerder
Papproth
Paradies
Paradiesmühle
Parchnitz
Pardutz
Paretz
Parey
Parlow
Parmen
Parmener Mühle

Pärnäkel
Paschenbrück
Paserin
Passo
Paterdamm
Pätz
Pätzig
Pätznick
Pätznickerie
Paulicksmühle
Pauline
Paulinenaue
Paulinenhof
Paulsborn
Paulsfelde
Paulshof
Paulshöhe
Paulshorst
Paulstern
Pausin
Pausiner Mühle
Päwesin
Pechbruch
Pechhütte
Pechteich
Pechüle
Peetzig
Peetziger Schneidemühle
Pehlenbruch
Pehlitz
Peikwitz
Peitz
Peitzendorf
Pensylvanien
Penzlin
Perleberg
Perlhof
Perlmühle
Pernitz
Perwenitz
Pessin
Peterhof
Petersdorf
Petershagen
Petershain

Petersruh	Planheide	Porep
Petersthal	Plänitz	Pöschmühle
Petkus	Pläns	Posedin
Petznick	Plantage	Posersfelde
Petzow	Platkow	Poß
Pfaffendorf	Plattenburg	Possards Fichten
Pfalzheim	Plattkow	Pößnitzmühle
Pfaneninsel	Platzfelde	Postlin
Pfeffermühle	Plau	Postumkrug
Pfefferteich	Plaue	Potsdam
Pfeifferhahn	Plauerhof	Potzlow
Pfiff	Pleishammer	Prädikow
Pfingstberg	Pleiskehammer	Pramsdorf
Pfingstfurth	Plesse	Präßnick
Pflügfuff	Plessow	Prebelow
Pförten	Pletzenhof	Prebelower Breite
Philadelphia	Plieskendorf	Preddöhl
Philippinenhof	Plogs Mühle	Preichow
Philippsberg	Plonitz	Preilack
Philippsthal	Plonitza	Premnitz
Phöben	Plötzensee	Premsdorf
Pian	Plötzin	Premslin
Pichelsberg	Plumpmühle	Premsliner Mühle
Pichelsdorf	Plutamühle	Prenden
Pichelswerder	Pockuschel	Prensdorf
Pickel	Podelzig	Prenzlau
Piese	Pohlitz	Prerauers Thonstich
Pietsche Plantage	Pohlitzermühle	Preschen
Pietzigk	Pohls	Presehna
Pillgram	Pohlvermühle	Presehnchen
Pinnow	Pohsen	Pretschen
Pinnower Mühle	Polen	Preußnitz
Pionier	Polenzig	Preußsche Windmühle
Pirow	Polenzigerbruch	Priebrow
Pirskow	Polenzwerder	Priedel-Schönhagen
Pitschen	Pollenzig	Prielang
Pitschlau	Pollychen	Prieros
Pittchenmühle	Pollychener Holländer	Prierosbrück
Pitzerwitz	Polßen	Prieroser Mühle
Plaatz	Poltermühle	Prierow
Placht	Polzow	Prießen
Plagow	Pommerzig	Prietzen
Plan	Ponitz	Priormühle
Plan am See	Ponnsdorf	Priort
Plangut	Poratz	Pritzen

Pritzerbe	Radach	Ranst
Pritzhagen	Radden	Ranzig
Pritzhagenermühle	Raddusch	Ranzow
Pritzkow	Rade	Rapshagen
Pritzwalk	Radeberg	Räschen
Profitchen	Radebrück	Räsdorf
Proschim	Radehof	Raßmannsdorf
Proschim Heidemühl	Radehorst	Rathenow
Pröttlin	Rädel	Rathleben
Prötze	Radeland	Rathsberge
Prötzel	Raden	Rathsdorf
Protzen	Radenickel	Rathstock
Prützke	Radensdorf	Rätschmühle
Pulitz	Radensleben	Ratsschmeidemühle
Pulsberg	Radewege	Ratzdorf
Pulsbruch	Radeweise	Ratzdorfer Wiese
Pulsbrück	Radewiese	Raubarth
Pulsdamm	Radewiesen	Räuberberg
Pulverkrug	Radewitsch	Räuberberge
Pulvermühle	Rädigke	Räucherhaus
Pürschheide	Rädikow	Rauchfangswerder
Pusack	Radinkendorf	Rauden
Putlitz-Burghof	Radlow	Raudener Weiche
Putlitz-Philippshof	Rädnitz	Rauen
Puttenwerder	Radorf	Rauener Loos
Pyrehne	Raduhn	Rauhbusch
Pyrehner Holländer	Radun	Räumde
Quappendorf	Radung	Raumerswalde
Quartschen	Raduschsee	Rauns
Quaslinermühle	Rägelin	Rauschendorf
Quäste	Rägelsdorf	Rauschenmühle
Quastscher Zootzen	Ragösen	Rauschmühle
Quebeck	Ragoser Mühle	Rautenkranz
Quellengrund	Ragöser Mühle	Ravensbrück
Quellmühle	Ragow	Ravensmühle
Quermathen	Ragower Ablage	Ravenstein
Quitzöbel	Ragower Mühle	Reckahn
Quitzow	Räkshof	Reckenthin
Raakow	Rambowr	Reckenzin
Raben	Raminsgut	Recksee
Rabenau	Rampitz	Reddern
Rabenfelde	Randen	Redernswalde
Rabennest	Randow	Redlin
Rabenstein	Rangsdorf	Redlitz
Rackau	Rankenheim	Reetz

Reetzer Hütten	Reitwein	Riesefeld
Reetzerhütten	Reitzenstein	Rieselei
Reetzheide	Reizenberg	Riesnitz
Regattafläche	Relpzig	Riesphuhl
Regelsdorf	Renate-Eva	Rietdorf
Regenmantel	Rentschen	Rietschütz
Regenthin	Repente	Rietz
Rehagen	Reppen	Rietze
Rehain	Reppinichen	Rietzen
Rehberg	Reppist	Rietzenswunsch
Rehberge	Repten	Rietzer Berg
Rehbrücke	Resau	Rietzer Bergmühle
Rehdorf	Ressen	Rietzer Bucht
Rehfeld	Retseeberg	Rietzer Buschmühle
Rehfelde	Rettchensdorf	Rietzer Grenze
Rehhorst	Retzdorf	Rietzig
Rehlang	Retzin	Rietz Neuendorf
Rehluch	Retzow	Rietzneuendorf
Rehmate	Reuden	Riewend
Rehne	Reudener Winkel	Ringenwalde
Rehnitz	Reudnitz	Rinkendorf
Rehnsdorf	Reuthen	Rinnersdorf
Reichen	Rex Hof	Rinow
Reichenbach	Rheinsberg	Rissen
Reichenberg	Rheinsberg-Glienicke	Rittgarten
Reichenfelde	Rheinshagen	Rixdorf
Reichenfelder Mühle	Rheyerholz	Roberts Glück
Reichenow	Rhinow	Robertshof
Reichenwalde	Rhinsmühlen	Rocher
Reichersdorf	Ribbeck	Rochusthal
Reicherskreuz	Richardshof	Roddahn
Reichsgarten	Richnow	Roddau
Reichwalde	Richtersmühle	Röddelin
Reierort	Richterswalde	Rodenthal
Reiersdorf	Rickshausen	Rodewaldsmühle
Reiherholz	Rieben	Rodingers Ansiedlung
Reiherwerder	Rieckesthal	Rodstock
Reinfeld	Rieckshof	Roggaische Mühle
Reinholdshof	Riedebeck	Roggosna
Reinickendorf	Riegel	Rogow
Reinikenhof	Riegersdorf	Rohlsdorf
Reinkes Hof	Riegesheim	Rohrbeck
Reinpusch	Rieplos	Rohrbeckshausen
Reinsdorf	Riesdorf	Rohrbruch
Reinswalde	Riesdorferheide	Rohrfurt

Rohrhorst	Rotes Haus	Rusdorf
Rohrlack	Rothebach	Rusen
Rohrlake	Rothegrund	Rüsterwerder
Rohrmühle	Rothehirsch	Rustwiesen
Rohrsdorf	Röthehof	Rutenberg
Rohrwerder	Rothelhaus	Rüthnick
Rohrwiesen	Rothe Mühle	Rüthnickerpläne
Rohrwiesendamm	Rothemühle	Rutzkau
Roickmühle	Röthen	Ruwen
Roitz	Rothenburg	Saade
Rolandshorst	Rother Husar	Saalhausen
Rollberg	Rothkäppchen	Saalow
Rollinsruhe	Rotscherlinde	Saaringen
Rollwitz	Rottstiel	Saarmund
Römerkeller	Rottstock	Saarow
Rondel	Rotzis	Saaten
Rönnebeck	Rübehorst	Saathen
Röntgental	Ruben	Saatwinkel
Roofen	Rübnick	Sabinenkloster
Roofwinkel	Rückersdorf	Sablath
Röpersdorf	Rüdersdorf	Sabrodt
Rosdunk	Rudershof	Sachsdorf
Rosenbeck	Rüdingsdorf	Sachsendorf
Rosendorf	Rüdnitz	Sachsenhausen
Rosengarten	Rudow	Sackasne
Rosenhagen	Rüdow	Sackmühle
Rosenort	Rügeshof	Sacks Schneidemühle
Rosenow	Rüggen	Sacrow
Rosensdorf	Ruh	Sadenbeck
Rosenthal	Ruhden	Sadenbeckermühle
Rosenwinkel	Ruhehof	Saderdorf
Rosinberg	Ruheinmal	Sadowa
Rosinthal	Ruhewohl	Sagar
Roskatenwerder	Ruhleben	Sagast
Röskendorf	Ruhledorf	Sagritz
Roskow	Ruhlsdorf	Sähle
Rossow	Rühstädt	Sakro
Rossow Klinge	Ruhwald	Sakrow
Roßwiese	Ruinenberg	Sakrow-Krampnitz
Röstenberg	Rummelpforter Mühle	Salderhorst
Rostin	Rumpinsee	Sallgast
Rotehof	Rumpsche Mühle	Salvin
Rote Mühle	Rumps Mühle	Salzäcker
Rotemühle	Runenthal	Salzbrunn
Roter Krug	Ruppin	Salzhof

Salzkossäthen
Samendarre
Sammenthin
Sand
Sandberg
Sandgraben
Sandhausen
Sandhorst
Sandkrug
Sandmühle
Sando
Sandow
Sandscholle
Sandsee
Sandtreibe
Sandvilla
Sandwinkel
Sankt Johannes
Sankt Jürgen
Sanssouci
Säpzig
Saratoga
Särchen
Sargleben
Säritz
Sarkow
Sarnow
Saspow
Saßleben
Satzkorn
Sauberg
Saubucht
Saude
Sauen
Sauenwerder
Saugarten
Sauo
Savannah
Sawall
Schabackmühle
Schabernack
Schacksdorf
Schäcksdorf
Schadebeuster
Schadewitz

Schadow
Schäferberg
Schäferei
Schäfergrund
Schäferhaus
Schäferhof
Schäferhorst
Schäfers Mühle
Schafhorst
Schafsfelde
Schankmühle
Schanze
Schäpe
Schapow
Scharfenberg
Scharfenbrück
Scharleuk
Scharmützelsee
Scharn
Scharnhorst
Schartowsthal
Schartowswalde
Schauen
Schaumburg
Schawin
Schegeln
Scheibelersburg
Scheibenwache
Schenkenberg
Schenkendöbern
Schenkendorf
Schenze
Schermeisel
Scheune
Scheuns
Scheunstelle
Schiaß
Schiebsdorf
Schiedlo
Schielemühle
Schiemangsmühle
Schiemenzmühle
Schieseberg
Schifferhof
Schiffmühle

Schiffsruh
Schilda
Schildberg
Schildbergermühle
Schilde
Schildhorn
Schildow
Schindelmühle
Schinderkrug
Schlaanhof
Schlaben
Schlabendorf
Schlaborn
Schlag
Schlagbrücke
Schlagenthin
Schlagenthiner Mühle
Schlägerort
Schlagmühle
Schlagsdorf
Schlalach
Schlaman
Schlangenbruch
Schlanow
Schlaubehammer
Schlaubemühle
Schleenwerder
Schlegelsburg
Schlenzer
Schlepkow
Schlepzig
Schleuen
Schleusenfeld
Schlichow
Schliebenbusch
Schließkenberg
Schlöpe
Schloßberg
Schlößchen
Schloßmühle
Schloß Sommerfeld
Schlotthorst
Schluft
Schlunkendorf
Schmacht

Schmachtenhagen	Schönberg	Schrackau
Schmadebach	Schönblick	Schradt
Schmagorei	Schönborn	Schragenhof
Schmalenberg	Schönbruch	Schrahs Kolonie
Schmarfendorf	Schönbrunn	Schrecksheide
Schmargendorf	Schönburg	Schreibermühle
Schmarse	Schönebeck	Schrenkmühle
Schmarsow	Schönebeckermühle	Schrepkow
Schmellwitz	Schönebegk	Schreymühle
Schmelze	Schöneberg	Schrödershof
Schmerberg	Schöneberger Kossäthenfeld	Schugge
Schmergow	Schönefeld	Schulz
Schmerlmühle	Schöneiche	Schulzendorf
Schmertzke	Schöneicher Plan	Schulzenfelde
Schmerwitz	Schönerberg	Schulzenhof
Schmetzdorf	Schönerlinde	Schulzenhöhe
Schmiddelbrück	Schönermark	Schulzenthal
Schmidt	Schönewald	Schulzenwerder
Schmidtshof	Schönewalde	Schulzer Mühle
Schmiedberg	Schöneweide	Schünow
Schmiede	Schönfeld	Schusterberge
Schmiedeberg	Schönfelde	Schüttenburg
Schmiedefeld	Schönfelder Mühle	Schützenhaus
Schmiedehaus	Schönfließ	Schützensorge
Schmielickendorf	Schönhagen	Schwachenwalde
Schmöckwitz	Schönhausen	Schwachenwaldermühle
Schmöckwitzwerder	Schönheide	Schwalmsberg
Schmogro	Schönhof	Schwanebeck
Schmogrow	Schönhöhe	Schwaneberg
Schmolde	Schönholz	Schwanenhof
Schmöllen	Schönholzer Mühle	Schwanenkrug
Schmölln	Schönhorn	Schwanenwerder
Schnecke	Schöningsbruch	Schwanow
Schneckhaus	Schöningslust	Schwante
Schneeberg	Schönlinde	Schwarzbruch
Schneidemühe	Schönow	Schwärze
Schneidersberg	Schönrade	Schwarzensee
Schneidershof	Schönschornstein	Schwarzheide
Schnellewarthe	Schönwalde	Schwarzhorn
Schniebinchen	Schönwall	Schwarzsee
Schniegelmühle	Schönwerde	Schwarzwasser
Schöbendorf	Schöpfurth	Schwebendorf
Schollen	Schorbus	Schwedenschanze
Schöllnitz	Schorfheide	Schwedt
Schönasch	Schrabischmühle	Schweinebraten

Schweinebrück
Schweinekosen
Schweinepfeife
Schweinrich
Schweizerhaus
Schweizerhütte
Schwemm
Schwemmpfuhl
Schwenow
Schwerin
Schwerzko
Schwetig
Schwiebus
Schwina
Schwirze
Sechszeheneichen
Seddin
Seddinwall
Sedlitz
Seebad
Seebeck
Seeberg
Seebigau
Seeblick
Seeburg
Seedorf
Seefeld
Seefeldt
Seegefeld
Seegenfelde
Seegerhall
Seehausen
Seehof
Seeläsgen
Seelas Hof
Seelenhorst
Seelensdorf
Seelow
Seelower Loose
Seelübbe
Seemühle
Seeren
Seeschloß
Seese
Seetz

Segeletz
Seggekavel
Sehlsgrund
Seidlitz
Seifersdorf
Seifers Mühle
Seilershof
Seilwann
Selbelang
Selchow
Selischmühle
Sellendorf
Sellentin
Sellenwalde
Sellessen
Sellin
Sellnow
Sembten
Semlin
Semmelei
Senftenberg
Senftenhütte
Senftenthal
Sennberg
Sennewitzmühle
Senzig
Senzke
Sergen
Sernow
Serwest
Settinchen
Setzsteig
Sewekow
Sglietz
Sieb
Siebenbeuthen
Siebershof
Siebertshof
Siebmannshorst
Siede
Sieferts Mühle
Siegeshof
Siegrothsbruch
Siegröu
Siehdichum

Siehenshof
Sielow
Siepers Loos
Sierzig
Siethen
Sietzing
Sieversdorf
Sieverslake
Siewisch
Silber
Silberberg
Silmersdorf
Silo
Simmersdorf
Simonsdorf
Simonshagen
Simonshof
Simonshöhe
Skaby
Skado
Skadow
Skampe
Skrokmühle
Skuhlen
Skuren
Skyren
Slamen
Slinkterfelde
Smarso
Soldin
Solicante
Söllenthin
Sommerfeld
Sommerfelde
Sommerswalde
Sonnenberg
Sonnenburg
Sonnenburg-Torgelow
Sonnenwalde
Sonntagsau
Sophienaue
Sophiendorf
Sophienfelde
Sophienhaus
Sophienhof

Brandenburg Place Name Indexes

Brandenburg Place Name Indexes

Sophienstädt	Staaken	Steinbuscher Mühle
Sophienstein	Staakmühle	Steindamm
Sophienthal	Staakow	Steineck
Sophienwalde	Stäbchen	Steineichmühle
Sorau	Stabeshöhe	Steinfahrt
Sorauer Wald	Stabeshorst	Steinfeld
Sorge	Stachs Wassermühle	Steinfurth
Sorgerquellen	Stadtforst	Steinhausen
Sorno	Stadtgrenze	Steinhöfel
Sornow	Stadtheide	Steinitz
Sornower Buden	Stadthof	Steinkirchen
Spaatz	Stadtluch	Steinkrug
Spandau	Stadtwerder	Steinndorf
Spandauerberg	Staffelder Kossäthenfeld	Steinrode
Späning	Stahnsdorf	Steinsdorf
Sparrenbusch	Stahns Schneidemühle	Steinspring
Spechthausen	Stakensetzerhaus	Steinstücken
Spechtsdorf	Stampfmühle	Steintoch
Speichrow	Stangenhagen	Steinwehsruh
Sperenberg	Stargardt	Steinwerder
Sperlingsaue	Stargel	Stempnitz
Sperlingsberg	Starkshof	Stendell
Sperlingsherberge	Starpel	Stendenitz
Sperlingslust	Starpeler Grunwald	Stennewitz
Sperrenwalde	Starzeddel	Stennewitzer Hütte
Spiegel	Staudemühle	Stentsch
Spiegelberg	Staupitz	Stenzig
Spiegelhagen	Stavenow	Stepenitz
Spitzer Berg	Stechlin	Sterbitz
Spitzkrug	Stechow	Stern
Spitzmühle	Steesow	Sternberg
Splinterkrug	Steffenshagen	Sternebeck
Spolierenberg	Stege	Sternfeld
Spreeau	Stegelitz	Sternfelde
Spreehorst	Stegemannshof	Sternhagen
Spreenhagen	Steglitz	Sternkrug
Spremberg	Steinau	Sternschanze
Spring	Steinbach	Sternthal
Springbleiche	Steinbachsgrund	Stiebsdorf
Springe	Steinbeck	Stiern
Springeberg	Steinberg	Stöbritz
Springwald	Steinberge	Stock
Springwerder	Steinbinde	Stockhaus
Spudlow	Steinbruch	Stockshof
Sputendorf	Steinbusch	Stöffin

Stöffinerberg
Stölkenplan
Stollenberg
Stölln
Stolp
Stölpchen
Stolpe
Stolperweg
Stolpshof
Stolzenberg
Stolzenfelde
Stolzenhagen
Stolzsche Mühle
Storbeck
Storbeckshof
Störitz
Storkow
Storkowforst
Stoßdorf
Stottoff
Stradow
Stradower Mühle
Stralau
Stramehl
Stranzenwalde
Strasburg
Straube
Straubermühle
Strauptiz
Strausberg
Straußdorf
Streckenthin
Streckenthiner Mühle
Streesow
Strega
Streganz
Streganzberg
Strehlen
Strehlow
Strehmelswerder
Streichwitz
Streitberg
Streitfleck
Streitwalde
Stremmen

Striesow
Strigleben
Ströbitz
Strodehne
Strodehner Holz
Strohmühle
Stromfeld
Strubbergshof
Strubensee
Struveshof
Struwenberg
Stubbenhagen
Stücken
Stüdenitz
Stüdnitz
Stülpe
Stüpnitz
Stutgarten
Stuthof
Stuttgardt
Stützkow
Suckow
Südende
Sudrowshof
Südtor
Sükow
Sumatra
Summt
Suppmühl
Suschatz
Suschow
Sützengrund
Syckadel
Sydow
Sydowshof
Sydowswiese
Syrau
Syringe
Tacken
Tal der Liebe
Tammendorf
Tammendorfer Heidehof
Tamnitz
Tamsel
Tangendorf

Tanger
Tankow
Tanneberg
Tannenbuschhaus
Tannenhof
Tannenwald
Tannicht
Tarnow
Taschenberg
Tasdorf
Tasdorferstraße
Taubendorf
Taubenhorst
Taubenmühle
Taubenseer Schneidemühle
Täubertsmühle
Tauche
Tauchel
Tauentzienhof
Tauer
Tauerzig
Taugersdorf
Techow
Teerofen
Teetz
Tegel
Tegelgrund
Tegelort
Tegelsee
Teich
Teichberg
Teichdorf
Teichhaus
Teichhäuser
Telschow
Teltow
Telz
Temmen
Tempel
Tempelberg
Tempeler Großmühle
Tempeler Kleinmühle
Tempelfelde
Tempelhof
Templin

Brandenburg Place Name Indexes

Terppe	Töpchin	Treplin
Terpt	Töpferberge	Trepliner Wassermühle
Teschendorf	Töplitz	Treppeln
Teschnitz	Toppel	Treppendorf
Teufelsberg	Topper	Treptow
Teupitz	Topper Grunewald	Treskow
Teurow	Töpperkuthen	Treskowerberg
Thaerfelde	Torgelow	Trettendorf
Thaerhof	Torne	Trettin
Thalmühle	Torney	Treuenbrietzen
Thamm	Tornitz	Treuenfelde
Theerbude	Tornow	Treuenhof
Theeren	Tornower Mühle	Treuherz
Theerensche Mühle	Tornows Idyll	Triebel
Theerofen	Torsbruch	Triebsch
Theodor	Torsgräberei	Trieplatz
Theresenhof	Torshaus	Triglitz
Theuer	Torsmühle	Trinkhimmel
Thiemendorf	Tortz	Trist
Thiergarten	Totzigmühle	Tröbitz
Thiesorter Mühle	Trämmersee	Trossin
Thomasmühle	Trammitz	Trottheide
Thomsdorf	Trampe	Tschammermühle
Thonfeld	Tranitz	Tschausdorf
Thöringswerder	Tränke	Tschenze
Thur	Trappenfelde	Tschernow
Thurno	Trebatsch	Tschernsdorf
Thymen	Trebbin	Tschernsdorfer Mühle
Thyrow	Trebbinchen	Tschicherzig
Tieckow	Trebbinshof	Tschinka
Tiefensee	Trebbus	Tucheband
Tiefwerder	Trebendorf	Tuchen
Tielitz	Trebenow	Tüchen
Tiergartenhaus	Trebichow	Tuchwalke
Tiesenbrunnen	Trebitsch	Tugam
Tietzel	Trebitschermühle	Türkendorf
Tietzow	Trebitsch Hauland	Türkshof
Tivoli	Trebitz	Turnow
Tobbenberge	Trebnitz	Tzsacksdorf
Tobelhof	Trebow	Tzschecheln
Todtenkopf	Trebschen	Tzscheeren
Tollkrug	Trechwitz	Tzschernitz
Tonberg	Tremmen	Tzschernowitz
Tonkithal	Tremsdorf	Tzschetzschnow
Tonnenspring	Trenckeberg	Uetz

Uhlenberg
Uhlenburg
Uhlenhof
Ukro
Ullbersdorf
Ullei
Ullersdorf
Ullmanns Kolonie
Ulm
Ulrichshof
Ulrika
Ulrikenthal
Umschwang
Umsicht
Unbesandten
Unser Fritz
Unter den Mühlen
Unter Gennin
Unterhaide
Unterhammer
Unterheide
Unter Kietzmühle
Unterkrug
Unterland
Unter Lindow
Unterm Hain
Unterm Rande
Untermühle
Untershorst
Unterspreewald
Unter Teschnitz
Unterweinberge
Ünze
Upstall
Utzdorf
Vahrnow
Valentinswerder
Valeskahof
Valtemühle
Vaterswille
Vehlefanz
Vehlgast
Vehlin
Vehlow
Veilchenthal

Velten
Vergnügen
Verlorenort
Vetschau
Vettersfelde
Vettin
Vevais
Vichel
Victoriahof
Victoriamühle
Vielitz
Vierhäuser
Vierhütten
Vierraden
Vierruthen
Vierscheunen
Viesecke
Vietmannsdorf
Vietnitz
Vietz
Vietzer Rehne
Vietznitz
Viktoria
Viktoriabad
Viktoriamühle
Villa
Vogelberg
Vogelgesang
Vogelsang
Vogelsangmühle
Vogelsdorf
Vogtsbrügge
Voigtei
Voigtsdorf
Voigtsmühle
Voigtsstelle
Voigtswiese
Volkwig
Vollmersdorf
Vollsacksmühle
Vorberg
Vorbruch
Vordamm
Vor dem Baruther Tor
Vor dem Jüterboger Tor

Vor dem Seetor
Vor dem Trebbiner Tor
Vor dem Treuenbrietzener Tor
Vorderbuden
Vordermühle
Vorheide
Vormühle
Vor Münchhausen
Vorpark
Vor Pießigk
Vortheil
Vorwerk
Voßberg
Wachow
Wadelsdorf
Wagenitz
Wagenitzer Zootzen
Wahlberg
Wahlendorf
Wahlsdorf
Waidgarten
Waidmannsheit
Waidmannslust
Waidmannsruh
Waisenkrug
Walchow
Wald
Waldau
Waldberg
Waldbude
Waldburg
Waldeck
Waldfrieden
Waldhaus
Waldheim
Waldhof
Wald Idyll
Waldkater
Waldkrug
Waldmühle
Waldow
Waldowshof
Waldowstrenk
Waldschloß

Brandenburg Place Name Indexes

Waldschlößchen	Weberteich	Welt
Wald Sieversdorf	Wedell	Weltho
Walkemühle	Wedelsberg	Welzow
Walkmühle	Weesow	Wenddoche
Walkmühlenkolonie	Wegeberg	Wendefeld
Wall	Wegemühle	Wendemark
Wallhaus	Wegendorf	Wendisch Bork
Wallhof	Weggun	Wendisch Buchholz
Wallitz	Wehnsdorf	Wendisch Drehna
Wallmow	Wehrinsel	Wendisch Kirchhof
Wallwitz	Wehrmühle	Wendischmühle
Walmersdorf	Weiberwerder	Wendisch Rietz
Walsleben	Weichensdorf	Wendisch Sagar
Waltersdorf	Weidmannsheil	Wendisch Sorno
Waltershof	Weinberg	Wendisch Warnow
Walyshof	Weinberge	Wendisch Wilmersdorf
Wandelhof	Weinbergsgut	Wendlandsche Mühle
Wandern	Weinmeisterhorn	Wendtshof
Wandlitz	Weisen	Wensickendorf
Wanninchen	Weissagk	Wentdorf
Wannsee	Weißefenn	Wentow
Wansdorf	Weißehaus	Wenzlow
Warbende	Weißen	Wepritz
Wardin	Weißenberg	Werbellin
Wardiner Mühle	Weißensee	Werbellinsee
Warenthin	Weißenseehaus	Werbelow
Warnick	Weißenspring	Werben
Warnitz	Weißer Berg	Werbig
Warnow	Weißer Hut	Werblitz
Warnsdorf	Weiße Taube	Werchow
Warsow	Weißfenn	Werder
Wartenberg	Weißhaus	Werderhaide
Warthe	Weißig	Werderhof
Warthermühle	Weitewiese	Werdermühle
Wartholz	Weitgendorf	Werderscher Damm
Wasserburg	Weitlage	Werenzhain
Wasserfall	Weitzgrund	Werftkuten
Wasserfelde	Weizenfelde	Werftpfuhl
Wasserhof	Welle	Werlsee
Wassermühle	Wellersdorf	Wermingshoff
Wassermühlen	Wellnitz	Wernersfelde
Wassersuppe	Welse	Werneuchen
Wassinne	Welsickendorf	Wernickesche Plantage
Waßmannsdorf	Welsigke	Wernikow
Waterloo	Welsow	Wernitz

88

Wernitzer Mühle
Wernsdorf
Werzin
Weselitz
Wesendahl
Wesendahler Mühle
Wesendorf
Weseram
Weskow
Wettigmühle
Wetzenow
Wichmannsdorf
Wiedebusch
Wieneckes Plan
Wiepersdorf
Wierigsdorf
Wiese
Wiesenau
Wiesendorf
Wiesenhof
Wiesenplan
Wiesenthal
Wiesenwerder
Wieses Hof
Wietstock
Wildau
Wildbahn
Wildberg
Wildenbruch
Wildenhagen
Wildenhagener Mühle
Wildenow
Wildenower Mühle
Wildermann
Wildfang
Wildforth
Wilhelmhof
Wilhelminenaue
Wilhelminenhof
Wilhelminenwalde
Wilhelmsau
Wilhelmsaue
Wilhelmsberg
Wilhelmsbruch
Wilhelmsbrück

Wilhelmsburg
Wilhelmsdorf
Wilhelmseichen
Wilhelmsfelde
Wilhelmsfreude
Wilhelmsgrille
Wilhelmshayn
Wilhelmshof
Wilhelmshöh
Wilhelmshöhe
Wilhelmslust
Wilhelmsstift
Wilhelmsthal
Wilhelmswunsch
Wilkau
Wilkendorf
Wilkersdorf
Willmersdorf
Willmine
Wilmersdorf
Wilschwitz
Wilsener Mühle
Wilsickow
Wilsnack
Windmühlberg
Windmühle
Windmühlenberg
Windmühlengehöft
Winkel
Winkelgut
Winkelmannshof
Wintdorf
Winterbergshof
Winzerberg
Wirchenblatt
Wischgrund
Wisenburg
Wisenpläne
Wismar
Wittbrietzen
Witten
Wittenau
Wittenberg
Wittenberge
Wittenhof

Wittmannsdorf
Wittmoor
Wittsteck
Wittwien
Witzen
Witzke
Woblitz
Wochowsee
Woddow
Woldenberg
Wolfsberg
Wolfsbruch
Wolfsburg
Wolfsgarten
Wolfsgrube
Wolfshagen
Wolfshain
Wolfslake
Wolfsluch
Wolfsmühle
Wolfsthal
Wolfswinkel
Wolgast
Wolgaster Krug
Wolkenberg
Wollenberg
Wollenberger Mühle
Wollenthin
Wolletz
Wollhaus
Wollschow
Wollup
Wölmsdorf
Wolschinksmühle
Wolschmühle
Wölsickendorf
Wölsier
Woltersdorf
Woltersdorfbaum
Woltersdorfer Feld
Woltershof
Wolzig
Wootz
Wöplitz
Worfelde

89

Worholländer	Wuthenow	Zeestow
Worin	Wutike	Zehden
Wormlage	Wutschdorf	Zehdenick
Wormsfelde	Wutscherogge	Zehlendorf
Woschkow	Wutzetz	Zehnebeck
Wotschofske	Wutzig	Zehrendorf
Wrechow	Wutzow	Zehrensdorf
Wriezen	Yorksthal	Zeisdorf
Wubiser	Yorkstown	Zeitlow
Wubrigsberg	Zaacke	Zellbrücke
Wuckensee	Zaatzke	Zelle
Wucker	Zabelsdorf	Zellin
Wudden	Zache	Zelz
Wugarten	Zachow	Zempow
Wugartenmühle	Zäckerick	Zenshaus
Wuggelmühle	Zagelsdorf	Zepernick
Wuhlgarten	Zägensdorf	Zerben
Wuhlheide	Zahsow	Zerbicke
Wühlmühle	Zainhammer	Zerbow
Wulfersdorf	Zankhof	Zerkwitz
Wulkow	Zantoch	Zerlang
Wulkows Mühle	Zanzbruch	Zermützel
Wullhorst	Zanzhammer	Zerndorf
Wunder	Zanzhausen	Zernitz
Wunsch	Zanzin	Zernsdorf
Wünsdorf	Zanzmühle	Zerrenthin
Wupia	Zanzthal	Zervelin
Wuppgarten	Zapel	Zerwelin
Wuschewier	Zarenthin	Zesch
Wußwergk	Zatten	Zeschau
Wust	Zauche	Zeschdorf
Wüstchof	Zauchel	Zetten
Wüste Kunersdorf	Zauchwitz	Zettitz
Wüstemark	Zaue	Zeuden
Wüstemark und Schulzendorf	Zaun	Zeust
	Zechin	Zeuthen
Wüsten Bahrnow	Zechlin	Zicher
Wüsten Buchholz	Zechliner Hütte	Zichow
Wüstenhain	Zechliner Schneidemühle	Zichtow
Wusterhausen	Zechow	Ziebingen
Wustermark	Zeckerin	Zieckau
Wusterwitz	Zedel	Ziegelei
Wüste Sieversdorf	Zedlitz	Ziegeleikolonie
Wustrau	Zeenickow	Ziegelkurg
Wustrow	Zeesen	Ziegelofenfeld

Ziegenhals	Zinndorf	Zschorno
Ziegenkrug	Zinnitz	Zuchenberg
Ziegenwerder	Zion	Zuggelrade
Zieglerhaus	Zippelsförde	Zugkleibe
Zielenzig	Zipsdorf	Zühlen
Ziemkendorf	Zirdorf	Zühlsdorf
Ziescht	Zitta	Zühlslake
Zieskenbacher Mühle	Zittau	Zülichendorf
Zietensaue	Zohlow	Züllcihswerder
Zietensee	Zolchow	Züllichau
Zietensier	Zollchow	Zürchel
Ziethen	Zollen	Zürnitze
Ziethensche Mühle	Zöllmersdorf	Züsedom
Ziezow	Zootzen	Zützen
Zigelhof	Zorndorf	Zweigershof
Zigelofen	Zossen	Zweinert
Zillmannshof	Zotenberg	Zwick
Zilmsdorf	Zschiegern	Zwiebusch
Ziltendorf	Zschiepelmühle	Zwietow
Zimmermannshain	Zschipkau	Zwippendorf
Zimmermannsmühle	Zschornegosda	Zwischendeich
Zinna		

The Küstrin Palace has a fine museum to King Friedrich II of Prussia.

A romantic scene from the region called the Spreewald

Reverse Alphabetical Index of German Provinces

Below is a list comprising nearly 400 names of German provinces, i.e., kingdoms, duchies, principalities, and counties, such as *Baden, Coburg, Schleswig*. All political units from the county (*Grafschaft*) level up are listed. Those smaller (*Herrschaft*) are often inconsequential in size and importance and are thus not shown here. Included in this index are the names of districts, regions, and areas not defined by exact boundaries, such as *Propstei, Wetterau, Thüringer Wald*.

In historical records regional terms are often entitled "state" or "district" etc. and words of this type are also found in this list (shown below in italics). Many political units had names consisting of two or more terms, such as *Sachsen-Coburg-Gotha* or *Hessen-Nassau*. Because such names were legion a few centuries ago, only the individual names are included herein.

Often the records of older documents in Germany describe a region in adverbial or prepositional terms, such as *[he was born] im Westfälischen* or *[he comes] aus dem Mainz'schen*. The suffix *-isch-* or *-sch-* should be removed before the term can be found in this list.

Extensive details on the political units listed here are found in the book *Historisches Lexikon der deutschen Länder* [Historical Encyclopedia of German Provinces] by Gerhard Köbler (Munich: Beck, 1990; FHL book no. 943 E3k 1990).

Fulda	Reifferscheid
Tenda	Spreewald
Gotha	Odenwald
Rossla	Mittenwald
Jena	Steigerwald
Gera	Thüringerwald
Lohra	Arnsbergerwald
Werra	Teutoburgerwald
Hoya	Bayrischerwald
Schwäbisch Alb	Westerwald
Fränkisch Alb	Pfälzerwald
Wied	Schwarzwald
Neuwied	Saalfeld
Manderscheid	Birkenfeld

Brandenburg Place Name Indexes

Biesterfeld	Elbsandsteingebirge
Eichsfeld	Rothaargebirge
Mansfeld	Schiefergebirge
Hersfeld	Ammergebirge
Dänische Wohld	Erzgebirge
Römhild	Osterzgebirge
Detmold	Nahe
Land	Reuss jüngere Linie
Wendland	Reuss ältere Linie
Seeland	*Kolonie*
Ammeland	Brake
Weserbergland	*Mühle*
Memelland	Celle
Havelland	Werle
Samland	*Domäne*
Ermland	Lippe
Rheinland	Bergstrasse
Helgoland	Weinstrasse
Saarland	Neisse
Siegerland	Kleve
Harlingerland	*Hof*
Münsterland	*Dorf*
Sauerland	Deggendorf
Bergisches Land	Bonndorf
Friesland	Ebersdorf
Nordfriesland	Brieg
Ostfriesland	Wolfegg
Emsland	Königsegg
Vogtland	Braunschweig
Naugard	Schleswig
Elbe	Tittmoning
Stade	*Ansiedlung*
Lüneburger Heide	*Verwaltung*
Gemeinde	Jüterbog
Landgemeinde	Henneberg
Kirchengemeinde	Kirchberg
Stadtgemeinde	Spiegelberg
Wernigerode	Stolberg
Einöde	Württemberg
Nordsee	Neuwürttemberg
Chiemsee	Heiligenberg
Bodensee	Trachenberg
Ostsee	Hohenberg
Mangfalgebirge	Kalenberg
Fichtelgebirge	Dannenberg

Eisenberg	Wittenburg
Leuchtenberg	Rottenburg
Ortenberg	Lauenburg
Wartenberg	Neuenburg
Fürstenberg	Coburg
Klettenberg	Harburg
Wittenberg	Marburg
Lauenberg	Sonderburg
Münzenberg	Augsburg
Sternberg	Glücksburg
Landsberg	Neuburg
Gudensberg	Schwarzburg
Ravensberg	Würzburg
Arnsberg	Ansbach
Rietberg	Mosbach
Magdeburg	Sulzbach
Bückeburg	Butzbach
Berleburg	Eisenach
Virneburg	Urach
Lüneburg	Wurzach
Merseburg	*Reich*
Ratzeburg	*Königreich*
Trauchburg	*Kaiserreich*
Weilburg	Vorderösterreich
Hamburg	Jülich
Limburg	Nörvenich
Homburg	Carolath
Naumburg	Barth
Schaumburg	Bayreuth
Oldenburg	*Ziegelei*
Brandenburg	*Bürgermeisterei*
Hardenburg	*Pfarrei*
Aschaffenburg	Probstei
Toggenburg	Rheina-Wolbeck
Rogenburg	Lübeck
Hachenburg	Waldeck
Hohenburg	Rieneck
Falkenburg	Rostock
Blankenburg	Osnabrück
Starkenburg	Hunsrück
Mecklenburg	*Mark*
Tecklenburg	Nordmark
Nellenburg	Kurmark
Altenburg	Altmark
Ortenburg	*Sägewerk*

Vorwerk	Lingen
Bezirk	Tübingen
Regierungsbezirk	Kehdingen
Verwaltungsbezirk	Stühlingen
Gerichtsbezirk	Wittislingen
Tal	Leiningen
Thal	Meiningen
Philippsthal	Veringen
Eifel	Lothringen
Sprengel	Oberlothringen
Kirchensprengel	Rüstringen
Kiel	Thüringen
Kirchspiel	Usingen
Runkel	Göttingen
Holzappel	Katzenelnbogen
Mosel	Rügen
Kassel	Kaichen
Innviertel	Altenkirchen
Wolfenbüttel	Partenkirchen
Reckenheim	Teschen
Blankenheim	Dithmarschen
Pappenheim	Norderdithmarschen
Sponheim	Süderdithmarschen
Heitersheim	Köthen
Bentheim	Schlesien
Krautheim	Oberschlesien
Salm	Niederschlesien
Herzogthum	Thüringer Becken
Herzogtum	*Flecken*
Fürstentum	*Marktflecken*
Sagan	Zweibrücken
Schwaben	Saarbrücken
Oberschwaben	Franken
Baden	Mittelfranken
Winterrieden	Oberfranken
Schleiden	Unterfranken
Schmalkalden	Westfalen
Wenden	Hundemen
Minden	Bremen
Verden	Alpen
Saarwerden	Masuren
Dresden	Sachsen
Grubenhagen	Niedersachsen
Wredenhagen	Posen
Ellwangen	Hessen

Rheinhessen	Hinterpommern
Oberhessen	Vorpommern
Kurhessen	Schlüchtern
Meissen	Lautern
Preussen	Bevern
Südpreussen	Bayern
Ostpreussen	Rheinbayern
Westpreussen	Oberbayern
Burghausen	Niederbayern
Hildburghausen	Sayn
Bruchhausen	Plön
Sondershausen	Stolp
Wursten	Neckar
Wurzen	Goslar
Bautzen	Wetzlar
Main	Fritzlar
Ziegenhain	Hadamar
Rhein	Weimar
Nordrhein	Horstmar
Istein	Isar
Idstein	Steinhuder Meer
Königstein	Trier
Holstein	*Weiler*
Gerolstein	Bischweiler
Wittgenstein	*Pfarrweiler*
Frankenstein	Ottweiler
Ochsenstein	Weser
Hauenstein	Münster
Löwenstein	Wetter
Hohnstein	Jauer
Eberstein	Hannover
Berlin	Speyer
Cammin	Ruhr
Schwerin	Ratibor
Stettin	Zator
Hadeln	Kleves
Oppeln	*Kreis*
Köln	*Landkreis*
Inn	*Stadtkreis*
Nation	Oels
Kanton	Werdenfels
Stormarn	Rothenfels
Hohenzollern	Rheinfels
Simmern	Ems
Pommern	Solms

Hohensolms	Traungau
Moers	Glogau
Elsass	Torgau
Ober-Elsass	Breisgau
Nieder-Elsass	Klettgau
Pless	Grottkau
Reuss	Wohlau
Taunus	Breslau
Staat	Lichtenau
Dekanat	Steinau
Kolonat	Weilnau
Komitat	Donau
Stadt	Troppau
Rudolstadt	Wetterau
Darmstadt	Nassau
Immenstadt	Dessau
Halberstadt	Sprottau
Gebiet	Jerichow
Grafschaft	Gützkow
Gespanschaft	Wustrow
Ritterschaft	Güstrow
Bauerschaft	Valley
Herrschaft	Schleiz
Landherrschaft	Greiz
Ortschaft	Fränkische Schweiz
Gericht	Märkische Schweiz
Landgericht	Holsteinische Schweiz
Anhalt	Sächsische Schweiz
Amt	Pfalz
Oberamt	Rheinpfalz
Pfarramt	Oberpfalz
Verwaltungsamt	Kurpfalz
Hallermunt	Veldenz
Rot	Mainz
Ort	*Provinz*
Spessart	Rheinprovinz
Pfirt	Harz
Steinfurt	Glatz
Querfurt	Metz
Gespanst	Zeitz
Delmenhorst	Strelitz
Gut	Görlitz
Rittergut	Schweidnitz
Gau	Liegnitz
Lindau	Müritz
Sundgau	Lausitz
Hegau	Oberlausitz
Hennegau	Niederlausitz
Allgäu	Auschwitz
Chiemgau	

Alphabetical Index of German Provinces

Allgäu
Alpen
Altenburg
Altenkirchen
Altmark
Ammeland
Ammergebirge
Amt
Anhalt
Ansbach
Ansiedlung
Arnsberg
Arnsbergerwald
Aschaffenburg
Augsburg
Auschwitz
Baden
Barth
Bauerschaft
Bautzen
Bayern
Bayreuth
Bayrischerwald
Bentheim
Bergisches Land
Bergstrasse
Berleburg
Berlin
Bevern
Bezirk
Biesterfeld
Birkenfeld
Bischweiler
Blankenburg
Blankenheim
Bodensee

Bonndorf
Brake
Brandenburg
Braunschweig
Breisgau
Bremen
Breslau
Brieg
Bruchhausen
Bückeburg
Bürgermeisterei
Burghausen
Butzbach
Cammin
Carolath
Celle
Chiemgau
Chiemsee
Coburg
Dänische Wohld
Dannenberg
Darmstadt
Deggendorf
Dekanat
Delmenhorst
Dessau
Detmold
Dithmarschen
Domäne
Donau
Dorf
Dresden
Ebersdorf
Eberstein
Eichsfeld
Eifel

Einöde
Eisenach
Eisenberg
Elbe
Elbsandsteingebirge
Ellwangen
Elsass
Ems
Emsland
Ermland
Erzgebirge
Falkenburg
Fichtelgebirge
Flecken
Franken
Frankenstein
Fränkisch Alb
Fränkische Schweiz
Friesland
Fritzlar
Fulda
Fürstenberg
Fürstentum
Gau
Gebiet
Gemeinde
Gera
Gericht
Gerichtsbezirk
Gerolstein
Gespanschaft
Gespanst
Glatz
Glogau
Glücksburg
Görlitz
Goslar
Gotha
Göttingen
Grafschaft
Greiz
Grottkau
Grubenhagen
Gudensberg
Güstrow

Gut
Gützkow
Hachenburg
Hadamar
Hadeln
Halberstadt
Hallermunt
Hamburg
Hannover
Harburg
Hardenburg
Harlingerland
Harz
Hauenstein
Havelland
Hegau
Heiligenberg
Heitersheim
Helgoland
Henneberg
Hennegau
Herrschaft
Hersfeld
Herzogthum
Herzogtum
Hessen
Hildburghausen
Hinterpommern
Hof
Hohenberg
Hohenburg
Hohensolms
Hohenzollern
Hohnstein
Holstein
Holsteinische Schweiz
Holzappel
Homburg
Horstmar
Hoya
Hundemen
Hunsrück
Idstein
Immenstadt
Inn

Innviertel
Isar
Istein
Jauer
Jena
Jerichow
Jülich
Jüterbog
Kaichen
Kaiserreich
Kalenberg
Kanton
Kassel
Katzenelnbogen
Kehdingen
Kiel
Kirchberg
Kirchengemeinde
Kirchensprengel
Kirchspiel
Klettenberg
Klettgau
Kleve
Kleves
Köln
Kolonat
Kolonie
Komitat
Königreich
Königsegg
Königstein
Köthen
Krautheim
Kreis
Kurhessen
Kurmark
Kurpfalz
Land
Landgemeinde
Landgericht
Landherrschaft
Landkreis
Landsberg
Lauenberg
Lauenburg

Lausitz
Lautern
Leiningen
Leuchtenberg
Lichtenau
Liegnitz
Limburg
Lindau
Lingen
Lippe
Lohra
Lothringen
Löwenstein
Lübeck
Lüneburg
Lüneburger Heide
Magdeburg
Main
Mainz
Manderscheid
Mangfalgebirge
Mansfeld
Marburg
Mark
Märkische Schweiz
Marktflecken
Masuren
Mecklenburg
Meiningen
Meissen
Memelland
Merseburg
Metz
Minden
Mittelfranken
Mittenwald
Moers
Mosbach
Mosel
Mühle
Münster
Münsterland
Münzenberg
Müritz
Nahe

Nassau
Nation
Naugard
Naumburg
Neckar
Neisse
Nellenburg
Neuburg
Neuenburg
Neuwied
Neuwürttemberg
Niederbayern
Niederelsass
Niederlausitz
Niedersachsen
Niederschlesien
Norderdithmarschen
Nordfriesland
Nordmark
Nordrhein
Nordsee
Nörvenich
Oberamt
Oberbayern
Oberelsass
Oberfranken
Oberhessen
Oberlausitz
Oberlothringen
Oberpfalz
Oberschlesien
Oberschwaben
Ochsenstein
Odenwald
Oels
Oldenburg
Oppeln
Ort
Ortenberg
Ortenburg
Ortschaft
Osnabrück
Osterzgebirge
Ostfriesland
Ostpreussen

Ostsee
Ottweiler
Pappenheim
Partenkirchen
Pfalz
Pfälzerwald
Pfarramt
Pfarrei
Pfarrweiler
Pfirt
Philippsthal
Pless
Plön
Pommern
Posen
Preussen
Probstei
Provinz
Querfurt
Ratibor
Ratzeburg
Ravensberg
Reckenheim
Regierungsbezirk
Reich
Reifferscheid
Reuss
Reuss ältere Linie
Reuss jüngere Linie
Rhein
Rheinhessen
Rheina-Wolbeck
Rheinbayern
Rheinfels
Rheinland
Rheinpfalz
Rheinprovinz
Rieneck
Rietberg
Rittergut
Ritterschaft
Rogenburg
Römhild
Rossla
Rostock

Rot
Rothaargebirge
Rothenfels
Rottenburg
Rudolstadt
Rügen
Ruhr
Runkel
Rüstringen
Saalfeld
Saarbrücken
Saarland
Saarwerden
Sachsen
Sächsische Schweiz
Sagan
Sägewerk
Salm
Samland
Sauerland
Sayn
Schaumburg
Schiefergebirge
Schleiden
Schleiz
Schlesien
Schleswig
Schlüchtern
Schmalkalden
Schwaben
Schwäbisch Alb
Schwarzburg
Schwarzwald
Schweidnitz
Schwerin
Seeland
Siegerland
Simmern
Solms
Sonderburg
Sondershausen
Spessart
Speyer
Spiegelberg
Sponheim

Spreewald
Sprengel
Sprottau
Staat
Stade
Stadt
Stadtgemeinde
Stadtkreis
Starkenburg
Steigerwald
Steinau
Steinfurt
Steinhuder Meer
Sternberg
Stettin
Stolberg
Stolp
Stormarn
Strelitz
Stühlingen
Süderdithmarschen
Südpreussen
Sulzbach
Sundgau
Tal
Taunus
Tecklenburg
Tenda
Teschen
Teutoburgerwald
Thal
Thüringen
Thüringer Becken
Thüringerwald
Tittmoning
Toggenburg
Torgau
Trachenberg
Trauchburg
Traungau
Trier
Troppau
Tübingen
Unterfranken
Urach

Brandenburg Place Name Indexes

Usingen
Valley
Veldenz
Verden
Veringen
Verwaltung
Verwaltungsamt
Verwaltungsbezirk
Virneburg
Vogtland
Vorderösterreich
Vorpommern
Vorwerk
Waldeck
Wartenberg
Weilburg
Weiler
Weilnau
Weimar
Weinstrasse
Wenden
Wendland
Werdenfels
Werle
Wernigerode
Werra
Weser
Weserbergland

Westerwald
Westfalen
Westpreussen
Wetter
Wetterau
Wetzlar
Wied
Winterrieden
Wittenberg
Wittenburg
Wittgenstein
Wittislingen
Wohlau
Wolfegg
Wolfenbüttel
Wredenhagen
Wursten
Württemberg
Wurzach
Würzburg
Wurzen
Wustrow
Zator
Zeitz
Ziegelei
Ziegenhain
Zweibrücken

The St. Marien Cathedral in Havelberg

GRT Publications
Catalog of Books

Deciphering Handwriting in German Documents: Analyzing German, Latin, and French in Vital Records Written in Germany. Roger P. Minert, Ph.D., A.G., 2001. Soft-cover, 192 pp. $26.95.

Setting a new standard in self-help literature for German family history research, this book incorporates for the first time the following important elements: a short history of handwriting styles in Germany; detailed separate methodologies for deciphering German, Latin, and French vital records; a computerized alphabet for old German characters; 131 sample texts from genuine vital records; and the application of the reverse alphabetical index in the deciphering process. Experts in the field have this to say about *Deciphering Handwriting*: "...absolutely terrific!" (Henry Z. Jones); "...bound to become a standard work" (Ernest Thode); "...sure to become a classic in the use of German records" (Clara Harsh); "a possible text for some of the courses I teach" (Prof. Raymond S. Wright, III). This book is based on the author's experience of more than 20,000 hours in researching German records and teaching handwriting courses.

Spelling Variations in German Names: Solving Family History Problems Through Applications of German and English Phonetics by Roger P. Minert, Ph.D., A.G., 2000. Soft-cover, 96 pp. $16.45.

For the first time a book examines the nature of each vowel and each consonant in German and describes the kinds of changes that can occur in the spellings of German personal names and place names. Variations of name spellings in Germany and between Germany and North America are featured. The book is designed for both novice and expert researchers; while the former can discover why specific changes in name spellings occur, the latter will find explanations for what s/he may have already known about those changes. Phonetic rules are discussed, but the reader is invited to skip those and use a trouble-shooting guide of over 200 names to proceed directly to examples of name variations. An every-name index is included. The thesis of this book is that name spelling variations are (1) natural, (2) logical, and thus to an extent (3) predictable.

Baden Place Name Indexes: ***Identifying Place Names Using Alphabetical and Reverse Alphabetical Indexes*** by Roger P. Minert, Ph.D., A.G., 2000. Soft-cover, 58 pp. $9.95.

For the first time, a reverse alphabetical index is available to the public. Such indexes have been known and valued among researchers in the Family History Library for some time, but none have been available in print or microform. The Reverse Alphabetical Index allows the researcher to determine the name of a town when the first part of the name (whether one or more letters) is missing. This is a common problem caused by torn pages, ink blots, tight bindings, etc. By using this index, the researcher can also determine the official spelling for towns when old spellings occur in church records. The book includes a regular alphabetical index of all of the towns in the kingdom, as well as regular and reverse alphabetical listings of over 400 names of German kingdoms, duchies, principalities, counties, rivers, mountain ranges, and other topographical designations.

Similar indexes are available at the same price — $9.95 — for these provinces:

Braunschweig/Oldenburg/Thuringia   Hanover   Hesse   Hesse-Nassau
Mecklenburg   Palatinate   Pomerania   Rhineland
Schleswig-Holstein (with Bremen/Hamburg/Lübeck)   Kingdom of Saxony
Province of Saxony   Westphalia (with Hohenzollern/Lippe/Schaumburg-Lippe/Waldeck)
Württemberg   Switzerland (CD only)

Indexes of other provinces are in preparation.